Manfred Julius Müller

AF150452

Der Freihandelswahn

Der Niedergang der westlichen Welt
durch den Zollabbau

Herstellung und Verlag: BoD – Books on Demand, Norderstedt
ISBN 9783735738059

Inhalt:

Einleitung

Wird die Politik aus Fehlern lernen? Es sieht leider nicht so aus. Denn obwohl in vielen westlichen Industriestaaten seit über 30 Jahren die inflationsbereinigten Nettolöhne und Renten sinken und die Staatsschulden eskalieren, hält man unbeirrt am Zollabbau fest.

Unsere „Demokratien" erweisen sich zunehmend als belehrungsresistent. Anstatt den Ursachen des schleichenden Niedergangs auf den Grund zu gehen, vertrauen Regierungen starrköpfig längst widerlegten Dogmen, verstricken sich immer mehr in internationalen Abkommen und Abhängigkeiten und vereinen sich im Kampf gegen einen Feind, der gar keiner ist: dem Zoll-Protektionismus.

Zölle werden rigoros abgebaut und verdammt, obwohl gerade sie es sind, die die Menschheit vor dem sinnlosen Lohndumping und unkontrollierbaren Kasino-Kapitalismus bewahren könnten.

Manfred Julius Müller

Flensburg, April 2013

Kapitel I

Die fatalen Folgen des Zollabbaus

Der Abbau der Zölle seit Ende der 1970er Jahre bewirkte den dramatischen Wandel vom gesitteten Welthandel zum globalen Unterbietungswettbewerb. Seit Jahrzehnten leidet die Menschheit nun unter dem zunehmenden internationalen Kostendruck.

Die künstlich geschaffene Globalisierung beendet leider auch das bewährte marktwirtschaftliche System. Denn eine faire, dem Volkswohl dienende Marktwirtschaft verträgt nun einmal keine krassen Kostenunterschiede. Wenn Stundenlöhne von einem Euro in Ostasien und 20 Euro in Deutschland aufeinanderprallen, so kann das auf Dauer niemals gutgehen.

Auch Ertragssteuersätze zwischen 0 und 40 Prozent haben mit einem fairen Wettbewerb und Welthandel nichts mehr gemein und führen zusammen mit dem allgegenwärtigen Lohn-, Öko-, Sozial-, Zins- und Währungsdumping zumindest die Hochlohnländer ins Verderben. Selbst der ach so stolzen „Exportnation" Deutschland beschert die Globalisierung (der Zollabbau) einen bereits seit drei Jahrzehnten andauernden schleichenden Niedergang.

In den Hochlohnländern sterben die Industrien aus ...
Als direkte Folge des Zollabbaus sterben also langfristig die Industrien in den alten Hochlohnländern weitgehend aus. Dieser Exodus vollzieht sich in den einzelnen Staaten unterschiedlich schnell und ist von mehreren Faktoren abhängig.

In Deutschland mit seinen auf Konsens eingestellten Gewerkschaften, die seit 1980 einen Reallohnverlust hinnehmen, konnten die Paradedisziplinen Automobil- und Maschinenbau sowie die Chemie- und Pharmaindustrie bislang recht gut überleben, wenngleich es auch in diesen Segmenten zur ständigen Auslagerung von Produktionsteilen kommt (45 Prozent dessen, was Deutschland stolz exportiert, wurde vorher importiert). Häufig wird in Deutschland nur noch zusammengeschraubt, was zuvor von ausländischen Herstellern angeliefert wurde.

In fast allen anderen westlichen Staaten ist der Niedergang der heimischen Industrien noch dramatischer verlaufen. Die USA und Großbritannien zum Beispiel importieren heute den Großteil der industriell hergestellten Güter. Ob Textilien, Schuhe, Computer, Kameras, Haushaltsgeräte oder Büromaschinen – alles muss eingeführt werden aus den bekannten Billiglohnländern. Lediglich Lebensmittel und Häuser werden noch weitgehend im eigenen Land gefertigt (Gebäude lassen sich halt schlecht transportieren und die Landwirtschaft wird stark subventioniert).

Eine aufgeblähte Finanz-/Spekulationswirtschaft muss die Lücken füllen!

Als Ausgleich für den akzeptierten Niedergang der wichtigsten Industrien haben die Regierungen in den USA und Großbritannien in der Vergangenheit die Finanzwirtschaft gepuscht. Sie strichen wichtige Regulierungen und öffneten durch ihre unkritische Liberalisierungspolitik den Spekulanten Tür und Tor. Von 1980 bis 2008 steigerte die Finanzindustrie in den USA ihren Anteil an der Gesamtheit aller Unternehmensgewinne von 13 auf 40 Prozent!

Ohne Globalisierung (Zollabbau) hätten die meisten Fabriken in den beiden angelsächsischen Ländern überlebt und diese Staaten keine Veranlassung gehabt, verlorenes Terrain über eine aufgeblähte, spekulative Finanzindustrie auszugleichen.

Die Globalisierung schuf also zwei vorher nicht vorhandene Geschäftsmodelle:

1. Die Produktion von Markenartikeln in Billiglohnländern, wobei die Produkte für den Verbraucher aber kaum billiger wurden (sondern lediglich Konzerngewinne stiegen).

2. Die zügellose Freiheit für Spekulanten!
Selbst bei Grundnahrungsmitteln haben die Spekulanten inzwischen das Sagen (97 % der an den Nahrungsmittelbörsen

gehandelten Kontrakte sind rein fiktiv, führen also nicht zu einer echten Warenlieferung). Die Folge: Lebensmittel werden teurer, der weltweite Hunger nimmt zu. Die Erzeuger (die Landwirte) gehen bei diesem Deal weitgehend leer aus (dafür fahren manche Schattenbanken und Fonds mit dieser überflüssigen und unmoralischen Spekulation inzwischen jährlich Milliardengewinne ein).

Nun ließe sich der spekulative Handel durch Wiedereinführung alter Finanz-Grundregeln schnell beenden – aber dann müssten die USA und Großbritannien schlimme wirtschaftliche Einbußen fürchten. Sie haben nun einmal kaum noch eigene Industrien, sind also ganz auf ihren aufgeblähten Finanz- und Dienstleistungssektor angewiesen. Mit dem weitgehenden Abbau der Zölle haben diese Staaten ihre Seele (und Handlungsfähigkeit) an Spekulanten und international aufgestellte Konzerne verkauft.

Der drohende Zusammenbruch der Wirtschaft zwingt die alten Industrienationen zur Geldschwemme!

Der völlige Zusammenbruch der Hochlohnländer konnte bisher nur verhindert werden durch eine atemberaubende Billigzinspolitik und teure Konjunkturpakete. Die Zentralbanken borgen den Geschäftsbanken frisch generiertes (= frisch gedrucktes) Geld fast zum Nulltarif.

Diese ausufernde Geldschwemme stellt alle moralischen und marktwirtschaftlichen Prinzipien auf den Kopf und entwertet natürlich auch echtes (reales) Geld. Es ist nur eine Frage der Zeit, wann auch diese Blase platzt. Und alles nur, weil man glaubt, auf angemessene Einfuhrzölle verzichten zu müssen (Zoll-Phobie).

„Dennoch ist die Globalisierung ein Segen für die Menschheit!"

Trotz aller miterlebten Verschlechterungen und aktuellen Krisen vertrauen (wenn man einer Umfrage vom Mai 2009 glauben schenken darf) über 70 % der Bundesbürger den positiven Kräften der Globalisierung. Selbst die ständigen Hiobsbotschaften in den Medien bezüglich der globalen Finanzmärkte lassen die Bundesbürger weitgehend kalt. Es scheint gar so, als würde das ständige Krisengerede eine Abstumpfung bewirken – die meisten Menschen nehmen die

8

negativen Schlagzeilen gar nicht mehr wahr oder meinen, das sei alles ganz normal und unabänderlich. Durch die weitgehende Ausblendung alles Negativen erscheinen die exzellent vermarkteten Scheinerfolge des Zollabbaus (der Globalisierung) im strahlenden Licht.

Hat nicht die Globalisierung manchen Entwicklungsländern einen sagenhaften Aufstieg beschert? Haben nicht die weltweiten Abhängigkeiten den Frieden gestärkt und der Demokratie vielerorts zum Durchbruch verholfen? Beim Stichwort Globalisierung denken viele Zeitgenossen auch zunächst an das unbeschwerte Reisen in fremde Länder und Erdteile und an die Informationsvielfalt der Medien.

Wer dieser angepassten Gutgläubigen merkt schon, dass er sich von einer perfekt organisierten Globalisierungslobby hat einfangen lassen? <u>Wer merkt, dass die meisten Erfolgsmeldungen mit der Globalisierung wenig bis nichts zu tun haben und allein dem technischen Fortschritt geschuldet sind?</u> Wer denkt darüber nach, dass es bereits vor dem Freihandel und dem fanatischen Zollabbau eine weltweit voranschreitende Industrialisierung und Demokratisierung gab? Selbst die Grundlagen des heutigen Informationszeitalters wurden lange vor der Globalisierung (dem Zollabbau) geschaffen.

Wann wacht der mündige Bürger auf?
An den mündigen Bürger geht die Frage, ob er sich von der Globalisierungslobby weiter vereinnahmen lassen will.

Häufig wird auch in unserem Lande gegen vermeintliches Unrecht und Willkür demonstriert (Lohnabbau, Mindestlohn, Betriebsschließungen). <u>Niemand geht aber auf die Straße, um gegen die eigentliche Ursache allen Übels – den Zollabbau – zu protestieren.</u> Angemessene Zölle würden das globale Dumpingsystem beenden, für Vollbeschäftigung und steigende Reallöhne sorgen.

Aber Otto Normalbürger versteht diese Zusammenhänge leider nicht (weil sie ihm von der Politik und den Medien wohlweislich nicht erklärt werden). Er ereifert sich über die bösen Banken, die Spekulanten, Firmenschließungen usw., ohne die wahren Schuldigen überhaupt zu erkennen.

Es sind unsere Politiker, es sind die Journalisten, die uns (zum Teil aus eigener Unwissenheit oder Arglosigkeit) die heile Welt der internationalen Arbeitsteilung vorgaukeln. Keine der etablierten Parteien mag offen für eine Anhebung der Importzölle zum Schutz der eigenen Volkswirtschaft eintreten. Sie scheuen sich gar, dieses Thema überhaupt zu diskutieren, weil sonst auch der Nutzen der EU angezweifelt werden könnte (auch die Zollfreiheit innerhalb der EU schafft gewaltige Probleme). Würden Parteien mitbekommen, dass potentielle Wähler allmählich die Zollenthaltsamkeit als Wurzel allen Übels erkennen, würden sie sich entsprechend umorientieren. Solange sich in dieser Beziehung aber kein nennenswerter Druck aufbaut, wird den Lobbyisten des Großkapitals vertraut, die nun einmal am Zollabbau, dem „kapitalistischen Ermächtigungsgesetz", klotzig verdienen.

Schwarzmalerei, mangelnde Objektivität?
Urteile ich zu streng, sehe ich den Zollabbau zu pessimistisch? Manche Leute sind tatsächlich dieser Meinung. Doch es gibt nun einmal Dinge, die eine Fehlentwicklung darstellen und bei denen verklärende, schönfärberische Argumente der Sache nicht dienlich sind.

Eine Diktatur zum Beispiel wird heute niemand mehr schönreden wollen – das Wort „Diktatur" ist nach den Erfahrungen des 20. Jahrhunderts eindeutig negativ belegt. Bei der Beurteilung der Globalisierung (konkret: des Zollabbaus) ist dieser Lernvorgang noch nicht abgeschlossen. Eine professionelle Propaganda und Lobbyarbeit verdrängt noch immer die ungeschminkte Wahrheit. Mit Durchhalteparolen („uns geht es doch gut") versucht man auszublenden, dass seit nunmehr gut 30 Jahren in der westlichen Welt die Reallöhne sinken, fair bezahlte sichere Arbeitsplätze immer rarer werden, die Staatsschulden eskalieren und der totale Zusammenbruch nur noch durch eine Billiggeldschwemme der Notenbanken hinausgezögert wird.

> Auch die Krisenstaaten Südeuropas verdanken hauptsächlich dem Zollabbau ihre missliche Lage.
>
> Globales Lohndumping und Euro-Gemeinschaftswährung – das konnte einfach nicht gutgehen!

Kapitel II

Die vier fundamentalen Nachteile des globalen Zollabbaus und der Freihandelszonen

Nichts gegen den freien Welthandel, der soll nicht angetastet werden. Es geht einzig und allein um den fanatisch propagierten Zoll-Freihandel. Was bringt der bzw. welchen Schaden richtet er an? Noch vor hundert Jahren finanzierten sich viele Staaten weitgehend über die heute völlig zu unrecht verpönten Zölle. Der Reichtum und Wohlstand vieler Hochkulturen vom Altertum bis zum späten Mittelalter basierte auf diesem Abgabensystem, das gleichzeitig die heimische Wirtschaft vor ausländischer Dumpingkonkurrenz schützte.

Heute will man von diesen guten Erfahrungen nichts wissen. Es genügt der rührigen Globalisierungslobby nicht, dass sich die Transportkosten dank riesiger Containerschiffe und eines modernen Straßen- und Schienennetzes auf ein Minimum reduziert haben. Nein, es müssen auch noch die Zölle runtergeknüppelt werden, so dass sich jetzt Stundenlohnkosten von 30 Cent in Bangladesch und 20 Euro in Westeuropa knallhart gegenüberstehen.

Noch glauben Ignoranten und Unbelehrbare an die geistige Überlegenheit des Westens, die diese gigantischen Unterschiede rechtfertigen. Besonders in Deutschland klammert man sich gern an diesen peinlichen Größenwahn. Ungeniert und unbeirrt setzen ansonsten eher antinationalistisch eingestellte Politiker auf die Leistungsfähigkeit der deutschen Herrenrasse: „In Deutschland entwickeln wir die Produkte, die dann in den Billiglohnländern hergestellt werden!"

Warum mag man sich heute nicht mit einem natürlichen und vor allem fairen Welthandel begnügen, warum zwingt man die Menschheit in einen absurden globalen Lohndumpingwettbewerb?

11

1. Wer macht's noch billiger?

Die systematische Ausbeutung der Arbeitnehmer
In einem intakten Binnenmarkt mit weitgehend gleichen Standortbedingungen können Kapitalrenditen nicht in den Himmel wachsen. Denn die „unsichtbare Hand des Marktes" würde zwischen Arbeit und Kapital einen steten Interessenausgleich bewirken.

Würden die Löhne der Arbeitnehmer nicht entsprechend der Inflation und Produktivität steigen, käme es zu einem Überangebot an Waren, was automatisch Preisnachlässe erzwingen würde. Umgekehrt würde bei zu hohen Lohnsteigerungen das Warenangebot niedriger sein als die allgemeine Kaufkraft – ergo käme es zu einem Preisanstieg. Ungerechtfertigte Lohnsteigerungen würden also durch eine höhere Inflation wieder einkassiert.

Unbotmäßige Unternehmensgewinne lassen sich in einem Binnenmarkt auch kaum erzielen. Zum einen rufen hohe Renditen sofort Konkurrenten und Nachahmer auf den Plan, zum anderen kann der Staat über Steuern für Ausgleich sorgen.

In einem geordneten Binnenmarkt mit gleichen Steuern, Vorschriften und Löhnen läuft der Interessenausgleich kontinuierlich ab, ohne dass die Regierung regulierend eingreifen müsste. Ein intakter korruptionsfreier Binnenmarkt – das ist eben Marktwirtschaft (und die ist auch von Natur aus sozial).

Das Gegenteil davon ist ein völlig chaotischer Weltmarkt mit völlig unterschiedlichen Standortbedingungen – so wie ihn unsere Regierungen bewusst oder unbewusst durch den Abbau der Zölle geschaffen haben. Und dieser ungleiche Weltmarkt ist nun einmal der Traum vieler Investoren, vor allem aber auch der Spekulanten. Weil nämlich in einem solchen Konstrukt die marktwirtschaftlichen Kräfte (der Interessenausgleich von Arbeit und Kapital) weitgehend ausgeschaltet sind und sich auf diese Weise traumhafte Renditen erzielen lassen.

Das Erfolgskonzept ist einfach: Bei den Produktionskosten stehen alle Länder der Welt im direkten Wettbewerb – produziert wird im allgemeinen dort, wo Löhne, Steuern, Umweltauflagen usw. am niedrigsten sind. Also führt das globale

Dumpingsystem zu einer Abwärtsspirale bei Arbeitseinkommen und Steuern, wovon besonders die Hochlohnländer betroffen sind und dort zu ausufernden Staatsschuldenkrisen führen.

Der Trick ist, dass beim Verkauf der Waren das globale Dumpingsystem weitgehend ausgeschaltet wird. Dies gelingt durch die Pflege und den Aufbau der Edelmarken. Vieles von dem Geld, welches durch die Billigproduktion eingespart wird, investiert man in sündhaft teure Werbe- und Marketingkampagnen, um begehrte Statussymbole zu schaffen. Dafür ist kein Geld zu schade!

Eine gute Marke kann man fast schon mit einem Monopol gleichsetzen – sie ist weitgehend befreit vom lästigen Wettbewerb. Die Devise der cleveren Investoren lautet also: In einem Billiglohn- oder Schwellenland so gut und günstig wie möglich produzieren, um dann diese Ware durch Minimierung der Konkurrenz (Markenbindung) in Hochpreisländern zum höchstmöglichen Preis abzusetzen.

Der Trick funktioniert also nur wegen der gigantischen Lohngefälle zwischen den Staaten. Gäbe es nur Billiglohnländer, könnten die Hersteller ihre überteuerte Markenware gar nicht absetzen. Die Preise (Renditen) sind im allgemeinen so hoch, dass die Mitarbeiter (Arbeitssklaven), die die Ware unter oft unerträglichen, lebensgefährlichen Bedingungen im Lohndumpingland herstellen, sich diese Markenprodukte niemals leisten können.

> Wer sich für den Zollabbau ausspricht, bekennt sich zum Prinzip der menschlichen Ausbeutung, zum Ungleichgewicht zwischen Arbeit und Kapital (also zur Ausschaltung der marktwirtschaftlichen Kräfte)!

Was ist ein Binnenmarkt?

Einen fairen Wettbewerb mit Vollbeschäftigung und stetig steigenden Reallöhnen (und Renten) kann es meines Erachtens nur in einem intakten Binnenmarkt geben. Was aber ist ein intakter Binnenmarkt?

Die EU-Befürworter bezeichnen immer wieder die Europäische Union als Binnenmarkt, wenngleich auch ohne den Zusatz „intakt". Ich halte jedoch selbst die grobe Einstufung in Bezug auf die EU für unanständig, anmaßend und irreführend. Denn ein Wirtschaftsraum wie die EU mit derart ungleichen Wettbewerbsbedingungen kann schwerlich als „Binnenmarkt" durchgehen.

Ein wirklicher Binnenmarkt benötigt gleiche Voraussetzungen, also eine weitgehende Anpassung bei den Löhnen, Steuern, Steuergesetzen, Sozialhilfen, Umweltauflagen, Bau- und Arbeitsschutzbestimmungen usw..

Nur unter derart angeglichenen Rahmenbedingungen kann von einem fairen Wettbewerb die Rede sein, nur dort können Unternehmens- und Arbeitnehmerinteressen gerecht ausbalanciert werden, nur dort kann der Wohlstand sich mehren, Vollbeschäftigung entstehen und nur dort können Spekulationsblasen vermieden werden. Ein echter Binnenmarkt ist also gleichzeitig auch ein intakter Binnenmarkt mit funktionsfähiger Marktwirtschaft.

Wie entsteht ein echter Binnenmarkt?
Ganz einfach durch die Abwehr importierter unfairer Wettbewerbsvorteile – also der Ausschaltung des globalen Lohn-, Steuer-, Öko- und Währungs-Dumpingwettbewerbs. Will ein Staat einen echten Binnenmarkt schaffen, muss er also nur für angemessene Zollgrenzen sorgen.

Die EU hat nicht den deutschen Binnenmarkt vergrößert (auf Europa ausgedehnt), sondern durch den Abbau der Zölle den Binnenmarkt de facto aufgelöst (in eine Dumpingzone verwandelt).

---

2. Die internationale Arbeitsteilung ist unproduktiv!

Die Trommler des Zollabbaus und Freihandels verkünden immer noch lautstark, die internationale Arbeitsteilung stärke die Produktivität. Das genaue Gegenteil ist der Fall! Denn durch die internationale Arbeitsteilung entsteht bei der Herstellung von Waren ein erheblicher Mehraufwand:

Es fallen unnötige Transportkosten an!
Weite Wege und lange Transporte zum Verbraucher verursachen einen hohen Arbeits- und Kostenaufwand. Zunächst einmal müssen Straßen, Lkw, Schiffe, Häfen und Flugzeuge gebaut werden. Hinzu kommen die Aufwendungen beim anschließenden Warenverkehr, der Logistik und dem Vertrieb.
Wer glaubt, es sei ein rationeller Arbeitsablauf, die Bestandteile einer elektrischen Zahnbürste (oder eines Computers, eines Autos, einer Hose) aus allen fünf Erdteilen zusammenzuklauben, um sie dann schließlich an einem fernen Ort zusammenzufügen, irrt gewaltig.

Die Folgen der Umweltbelastung werden ausgeblendet!
Allein auf deutschen Straßen sterben durch das unnötige (allein dem Freihandel geschuldeten) Lkw-Aufkommen etwa 500 Menschen im Jahr an den Folgen von Verkehrsunfällen. Die Zahl der Verletzten ist ungleich höher. Dabei sind diese Opferzahlen noch vergleichsweise „harmlos", berücksichtigt man die durch den überflüssigen Warentourismus verursachten Umweltschäden. Statistisch ist es leider schwer auszumachen, wie sich dieser Umweltfrevel auf die Gesundheit der Bevölkerung genau auswirkt. Aber man kann von weltweit jährlich mindestens 100.000 Todesfällen ausgehen sowie Schadenssummen von mehreren hundert Milliarden Euro (Krankenpflege, Frühverrentungen, Missernten, Flutkatastrophen, irreparable Umweltschäden usw.). Kosten, die ausschließlich der internationalen Arbeitsteilung anzulasten sind und bei einer stärkeren Produktion im eigenen Land entfallen würden.
Vergessen wir nicht: Vor gut 30 Jahren, als die Reallöhne (also die Kaufkraft) und Renten der Deutschen (Franzosen,

Briten, Amis, Italiener usw.) deutlich höher waren als heute, kam man in Deutschland mit etwa der Hälfte des heutigen Transportaufkommens aus.

Lange Lieferzeiten – unflexible Produktionen!
Kein Hersteller weiß im voraus, wie sich ein neues Produkt oder die neue Mode absetzen lässt. Produziert ein Hersteller nahe am Absatzmarkt, kann er mit einer niedrigen, risikoarmen Auflagenhöhe starten und bei Bedarf schnell nachziehen. Wer aber die Mode in Fernost herstellen lässt, wo er in der Regel eine dreimonatige Lieferzeit einkalkulieren muss, kann nicht mehr kurzfristig nachordern.

Ein solcher Produzent muss den Bedarf im voraus schätzen und sich festlegen. So kommt es auf der einen Seite häufig zu Überproduktionen (die überschüssige Ware muss dann später verramscht oder vernichtet werden), auf der anderen Seite aber auch zu Engpässen, bei der die Nachfrage nicht gedeckt werden kann. Die unflexible Produktion verhindert also eine bedarfsgerechte Marktsättigung. Aus Angst vor Lieferengpässen wird meistens mehr hergestellt als benötigt. Auch dieser Tatbestand senkt in erheblichem Maße die Produktivität (und belastet zusätzlich die Umwelt).

Förderung der Korruption
In vielen fernen Billiglohnländern sind Geschäfte nur möglich, wenn Behörden und Geschäftspartner bestochen werden. Auch dieser gesetzwidrige Aufwand muss natürlich in die Rentabilitätskalkulation einfließen. Darüberhinaus sollte man einsehen: Korruption ist eine der schlimmsten Geißeln der Menschheit. Dieses Übel zu unterstützen ist das Widerlichste, was man Billiglohnländern antun kann.

Teure Sprachbarrieren
Sprachbarrieren kosten Geld! Es ist immer einfacher, sich mit Geschäftspartnern in der eigenen Muttersprache zu verständigen. Teure Missverständnisse und Fehlproduktionen werden so vermieden. Außerdem gibt es Fremdsprachen nicht zum Nulltarif. Das mühsame Erlernen einer Zweit- oder Drittsprache erfordert eine erhebliche Zeit- und Geldinvestition. Auch dieser zusätzliche Aufwand muss der internationalen Arbeitsteilung angelastet werden.

Unerfüllte Regressansprüche

Die internationale Arbeitsteilung birgt zusätzliche Risiken. Wer sich zum Beispiel als deutscher Bauherr auf ein Dumpingangebot einer osteuropäischen Firma einlässt, muss damit rechnen, seine berechtigten Reklamationen später nicht durchsetzen zu können.

Die gleichen Erfahrungen mussten auch viele Global Player durchleben, die glaubten, in Fernost einen guten Billighersteller gefunden zu haben. Trotz langjähriger juristischer Auseinandersetzungen blieben sie auf ihren Schadenersatzansprüchen sitzen. Der zeitliche und finanzielle Kraftakt dieser langjährigen Prozesse sowie die Vernichtung unbrauchbarer Mangelware belasten ebenfalls die Produktivität des Freihandels (der internationalen Arbeitsteilung).

Ausfallkredite und Landesbürgschaften

Der Export von Gütern erweist sich spätestens dann als unrentabel, wenn berechtigte Forderungen nicht bezahlt werden. Die internationale Arbeitsteilung multipliziert das Ausfallrisiko! Selbst staatliche Einrichtungen in manchen europäischen Ländern begleichen nicht immer ihre Rechnungen.

Auch die mit Landesbürgschaften abgesicherten Schiffsneubauten werden oft zum Fiasko und treiben deutsche Landesbanken in den Ruin (auf Kosten der Steuerzahler). Wieder einmal bleibt die Rentabilität und damit auch die Produktivität der „internationalen Arbeitsteilung" auf der Strecke.

Kapitalvernichtung

Viele deutsche (und ausländische) Sparer haben ihr Geld auf Empfehlung ihrer Anlageberater in Schiffsfonds angelegt. Doch seit 2008 gingen die Frachtraten in den Keller, weil es weltweit zu viele Containerschiffe gibt (man den Bedarf gar nicht im Voraus schätzen und steuern kann). Die Folge: Totalverlust vieler Einlagen, die oft als Altersvorsorge gedacht waren. Das gleiche Fiasko erlebten deutsche Anleger mit ausländischen, hervorragend benoteten Immobilienfonds.

Eingasung von Textilien

Damit Textilien auf dem weiten Schiffsweg von Fernost nach Europa nicht von Schädlingen befallen werden, erfolgt häufig eine aufwendige Sonderbehandlung (z. B. Eingasung). Abgesehen von den Kosten dieser Prozedur müssen auch die Gesundheitsschäden, die diese Pestizide verursachen, bei der Rentabilitätsrechnung des Freihandels einkalkuliert werden.

Fehlgeschlagene Partnerschaften

Viele Firmen haben mit großem Elan und hohen Investitionskosten Produktionsanlagen in fernen Ländern aufgebaut, die dann später wieder aufgegeben werden mussten. Mal erwiesen sich die obligatorischen Geschäftspartner als unseriös, mal waren es nationale Gesetze, Intrigen oder Behördenwillkür, die das Projekt zum Scheitern brachten.

Sicher, auch wer in heimischen Gefilden investiert, muss mit Fehlschlägen rechnen. Aber das Risiko ist nun einmal im Ausland wegen seiner vielen Unwägbarkeiten ungleich höher und verschlechtert somit auch die Bilanz der internationalen Arbeitsteilung.

Exzessive Qualitätskontrolle

Die großen Markenhersteller schicken ihre Manager und Kontrolleure ständig rund um den Globus, um die Qualitätsstandards ihrer Waren garantieren zu können. Diese notwendigen Maßnahmen sind natürlich viel umständlicher als Kontrollen, die vor Ort oder zumindest im eigenen Land durchgeführt werden könnten.

Komplexe Vertragsabschlüsse

Wer im fernen Entwicklungs- bzw. Schwellenland investiert oder mit ausländischen Zulieferern arbeitet, begibt sich auf dünnes Eis. Denn die Rechtslagen in diesen Ländern bergen gefährliche Fallen, die auch erfahrene Global Player immer wieder überraschen. Zur Vermeidung der schlimmsten Fehler muss oft ein Heer von Juristen und Dolmetschern engagiert werden. Auch diese Umstände lasten auf den Schultern der Produktivität.

Erzwungene Partnerschaften

Viele Schwellenländer haben mit einer freien Marktwirtschaft nach westlichem Verständnis nichts am Hut. Sie brauchen das Know-how der Ausländer, wollen sich aber nicht in deren Abhängigkeit begeben.

Firmengründungen und neue Produktionsanlagen werden

nur in Kooperation mit einheimischen Unternehmern geneh-
migt. Der ausländische Investor wird zum Co-Partner degra-
diert, was nicht nur Patentrechte tangiert, sondern auch die
Produktivität beeinträchtigt.

**Die internationale Arbeitsteilung vermindert die
Produktivität mindestens um 50 Prozent!**
Zählt man alles zusammen, so erhöht sich der Arbeitsaufwand
durch die internationale Arbeitsteilung mindestens um 100
Prozent. Für die Global Player rechnet sich der Freihandel
also meist nur wegen der weltweiten Lohn- und Steuergefälle.
Weil es trefflich gelingt, die Arbeitnehmer in Billiglohnländern
systematisch auszubeuten, werden Produktionsverlagerun-
gen zum Erfolg. Ohne diesen Effekt wäre die internationale
Arbeitsteilung ein höchst unproduktives Unterfangen.

Nur die milliardenfache Ausbeutung der menschlichen Arbeitskraft macht das Unmögliche also möglich, stellt die Regeln der Vernunft und Logik auf den Kopf. So gesehen ermöglicht der Zollabbau (die Globalisierung) die Fortsetzung des
Kolonialismus. Der „Erfolg" der internationalen Arbeitsteilung
folgt dem gleichen Prinzip wie der frühere Sklavenhandel.

Würden die edlen Markenartikler den Billiglöhnern einen
halbwegs humanen Stundenlohn von mindestens zwei Euro
gönnen, würde das System der internationalen Arbeitsteilung
bereits kollabieren.

Die internationale Arbeitsteilung
(Globalisierung) ist im Prinzip ein
höchst unproduktives Unterfangen!

Lukrativ wird sie erst durch die
Ausbeutung der Arbeitnehmer und
die Nichtachtung der Umwelt.

3. Die chaotische Verflechtung der globalen Finanzmärkte!

Die Finanzwelt bläht sich auf und gerät völlig außer Kontrolle! Was aber haben Finanz-, Banken- und Staatsschuldenkrisen mit dem Zoll-Freihandel zu schaffen?

Sehr viel! Denn erst die vielbejubelte „internationale Arbeitsteilung" braucht weltweit agierende Banken und Schattenbanken, die den marktbeherrschenden Global Playern in allen ihren Expansionsmärkten zur Seite stehen.

Die weltweite Produktion an Gütern und Dienstleistungen erreichte im Jahr 2010 einen Wert von etwa 70 Billionen Euro. Doch das ist wenig im Vergleich zu den aufgeblähten Finanzaktivitäten: Für über 1000 Billionen Euro wurden 2010 allein Devisen gehandelt, für über 700 Billionen Derivate und Schuldverschreibungen, für über 60 Billionen Aktien. Über 90 % dieses Finanzhandels dienen allein der Kurzzeitspekulation und werden hervorgerufen von Daytradern, die nur für wenige Sekunden, Minuten oder Stunden in ein Investment einsteigen, um dann am kurzfristigen Gipfel der ewigen Fieberkurve die Papiere wieder abzustoßen. Im Zuge der Globalisierung haben sich die Finanzmärkte zum alles beherrschenden Machtfaktor aufgeschaukelt, dem die Realwirtschaft und 99 Prozent der Weltbevölkerung untergeordnet sind.

Nationale Regierungen haben schon lange keinen Überblick mehr über all das, was Banken, Schattenbanken und Hedgefonds treiben und sich täglich neu ausdenken. Schlimmer noch: Selbst die besten Experten können nicht mehr im Wirrwarr der atemberaubenden täglichen Finanztransaktionen die Auswirkungen auf die Weltwirtschaft abschätzen – die Politik ist den sich anbahnenden Krisen deshalb ziemlich hilflos ausgeliefert.

Weg vom unkontrollierbaren Pulverfass,
weg von der sinnlosen Exportabhängigkeit!
Eine ehrliche langfristige Problemlösung kann nur erfolgen, wenn sich der Nationalstaat wieder mehr auf seine Tugenden und seinen eigenen Binnenmarkt besinnt und sich durch eine schrittweise Wiederbelebung der Zölle dem globalen Dumping-

wettbewerb allmählich entzieht. In Großbritannien zum Beispiel, dem Ursprungsland der industriellen Revolution, ist im Zuge der EU und der globalen Unterbietungskonkurrenz ein Großteil der industriellen Basis weggebrochen. Das ist pervers und das kann nicht die Zukunft des Inselstaates sein.

Wenn jedes größere Land wieder über seine eigene industrielle Basis und einen intakten Binnenmarkt verfügt, gehören Exportabhängigkeit und Weltwirtschaftskrisen der Vergangenheit an! Staaten, die ihre Stärke aus einem soliden Binnenmarkt ableiten, können nämlich auf sämtliche Arten von Schattenbanken und Hedgefonds verzichten und diese Auswüchse des Kasinokapitalismus kurzerhand verbieten.

Bis weit in die 1970er Jahre hinein ist man schließlich sehr gut ohne diesen ganzen Zauber ausgekommen! Ein souveräner Staat braucht keine dubiosen Finanzprodukte und kann sogar, wenn er es für sinnvoll hält, eine eigene Finanztransaktionssteuer erheben und seinen Bürgern und Firmen das Handeln auf fremden (steuerfreien) Märkten untersagen.

Spekulanten, die sich diesen Regeln nicht beugen wollen, können ja auswandern. Ein Staat muss doch nicht, nur um Spekulanten bei Laune zu halten, ewig auf einem Pulverfass leben!

Selbst der Wechselkurs verliert bei einem souveränen Staat an Bedeutung!

Auf die Devisenkurse der Staaten wird heute wie verrückt geschaut und gewettet. Währungen werden von zahlreichen Staaten sogar absichtlich geschwächt aus Angst, die Exportwirtschaft könnte sonst Schaden nehmen. Ein Staat, der seine Exportabhängigkeit abgelegt hat, braucht dagegen eine Währungsaufwertung nicht fürchten. Wichtig ist dann vor allem die wirtschaftliche Stabilität im Binnenmarkt selbst. Alles andere wäre nachrangig.

In einem intakten Binnenmarkt funktioniert selbstverständlich auch die unsichtbare Hand des Marktes, die alles „wie von Geisterhand" reguliert und ausgleicht. Viele Experten zweifeln inzwischen an der Richtigkeit dieser einst von Adam Smith propagierten Theorie und vergessen dabei, dass in einem globalisierten Chaotenmarkt mit völlig unterschiedlichen Standortbedingungen das ausgleichende Wettbewerbs-Grundprinzip nicht funktionieren kann (der Zoll-Freihandel letztlich die Abschaffung der Marktwirtschaft bedeutet).

Selbst Weltwirtschaftskrisen würde es nicht geben!
Würde die absurde internationale wirtschaftliche Verflechtung abgebaut und die größeren Staaten sich wieder vorwiegend ihrem eigenen Binnenmarkt widmen, wäre natürlich auch die allgemeine Ansteckungsgefahr bei Wirtschaftskrisen gering.

Sollte es einmal einem Staat wie Griechenland oder Spanien schlecht gehen, wären andere Staaten von deren internen Schwierigkeiten kaum berührt. Die binnenmarkt-orientierten Industrien würden den Ausfall der beiden unwichtigen Exportmärkte kaum spüren. Selbst ein Ausfall des US-Marktes könnte ein exportunabhängiger Staat gut verkraften.

Aus dieser inneren Stärke heraus wäre es relativ einfach, einem in Not geratenen Staat beizustehen, zumal dessen angeschlagene Wirtschaft dann nicht mehr den haarsträubenden Bedingungen des globalen Dumpingwettbewerbs unterliegen würde (besserer Zollschutz, eigene Währung).

Die heutigen Abhängigkeiten und Verflechtungen führen leider zum gefürchteten Dominoeffekt. Bereits ein kleineres Land kann die halbe Welt in den Abgrund reißen.

Wir haben uns angewöhnt,
Fehlentwicklungen zu akzeptieren
mit der lapidaren Rechtfertigung,
es gäbe dazu keine Alternative.

4. Die Perversion des ewigen Wirtschaftswachstums!

Wenn ein Staat sich durch den Abbau der Zölle dem globalen Dumpingwettbewerb und dem undurchschaubaren Spiel der internationalen Finanzmärkte preisgibt (Kasinokapitalismus), unterwirft er sich damit unweigerlich auch dem Wachstumswahn. Denn im grausamen, weltweiten Vernichtungswettbewerb kann nur bestehen, wer ständig aufs Wirtschaftswachstum setzt. Also ganz gleich, was die Vernunft gebietet oder Umweltschutz und Rohstoffressourcen überhaupt hergeben – die Produktion muss gesteigert werden.

Nicht nur in Deutschland kommt es dabei zu paradoxen Entwicklungen. Obwohl die Reallöhne und damit auch die allgemeine Kaufkraft seit über 30 Jahren schwinden, verbrauchen Wirtschaft und Gesellschaft immer mehr Energie, Rohstoffe und Grünflächen. Warum benötigen wir immer neue Gewerbegebiete für einen rückläufigen Konsum? Warum Jahr für Jahr noch höhere Warentransportaufkommen, wenn beim Verbraucher letztlich weniger ankommt?

Sinnloses Wirtschaftswachstum?

In einem intakten Binnenmarkt führt die Marktwirtschaft zum steten Interessenausgleich – die gesamte Gesellschaft profitiert von der durch Innovationen fortschreitenden Produktivität. Um den Konsum nicht ins Uferlose wachsen zu lassen (kein Mensch braucht wirklich 2 Autos oder jedes Jahr zehn Paar neue Schuhe), könnte in einem intakten Binnenmarkt die steigende Produktivität über eine Verkürzung der Regelarbeitszeit ausgeglichen werden.

Freizeit statt Konsum! Vor 25 Jahren war man bereits auf dem richtigen Wege, als man begann, die Wochenarbeitszeit auf 35 Stunden zu reduzieren. Der Versuch war jedoch zum Scheitern verurteilt, weil nun einmal in einem globalen Dumpingwettbewerb (also bei fehlenden Zöllen) Arbeitszeitverkürzungen eine merkliche Kostenbelastung und Standortbenachteiligung bedeuten.

Ein Staat, der auf angemessene Zölle verzichtet, kann nicht mehr das tun, was logisch und sinnvoll wäre. Er ist dazu verdonnert, seine Produktionskosten der internationalen Konkurrenz anzugleichen. Und diese Zwänge führen zur allseits bekannten und bejammerten Abwärtsspirale.

Die systembedingte Ausschaltung der Marktwirtschaft durch den Zollabbau fordert ihren Tribut! Die Errungenschaften des technischen Fortschritts, die ausschlaggebend für die stetig steigende Produktivität sind, werden im großen Stil vergeudet. Durch die Ausschaltung der Marktwirtschaft landet immer mehr Produktivität im sinnlosen Aktionismus, also zum Beispiel im stetig wachsenden Transportaufkommen, teuren Werbefeldzügen und dem weiten Feld der Stilllegung (Massenarbeitslosigkeit, Praktika, Frührenten, Doppelt- und Dreifachausbildungen usw.).

Selbst viele Investitionen sind inzwischen volkswirtschaftlich gesehen höchst unproduktiv, weil die staatliche Besteuerung menschenfeindlich ist (Arbeit wird verteuert, Investitionen dagegen subventioniert). Oft werden arbeitsvernichtende Maschinen angeschafft (die nur noch von hochausgebildeten Spezialisten gebaut und bedient werden können), nur weil der Faktor Arbeit mit hohen Abgaben bestraft wird und die Folgekosten der Modernisierung und Zentralisierung (Arbeitslosigkeit, neue Verkehrsanbindungen usw.) der Allgemeinheit aufgebrummt werden. Würde man die Sozialkassen statt über Beiträge stärker über Mehrwertsteuern finanzieren, ließe sich das Ungleichgewicht zwischen Arbeit und Kapital verringern. Aber nicht einmal dazu kann die Politik sich aufraffen.

Unterm Strich führten alle Anstrengungen, Modernisierungen und Automatisierungen zu weniger Wohlstand, wie fast alle westlichen Industrienationen seit 1980 bitter erfahren mussten.

Das mehr an Produktivität lässt sich also durch politische Fehllenkungen schnell wieder verplempern. Wir merken das meistens nicht, weil wir kaum darüber nachdenken, die Wandlungen sich schleichend vollziehen, man sich an die Veränderungen gewöhnt und es uns meistens (noch) relativ gut geht. Hätten die Politiker des Westens in den letzten vier Jahrzehnten die Hände in den Schoß gelegt und (zumindest was die wirtschaftlichen Rahmenbedingungen betrifft) alles beim Alten gelassen, würde es uns heute wesentlich besser gehen.

Kapitel III

Bilanzkosmetik in der Politik

Mit geschönten Statistiken werden (überall auf der Welt) nicht nur die Bürger und Wähler verdummt. Nein, auch die Politiker selbst erliegen dem zweifelhaften Charme der Selbsttäuschung.

Ob amtliche Arbeitslosenzahlen, die Entwicklung der Reallöhne, der Nutzen des Euros, der EU oder der Globalisierung, die Kosten und Folgen der illegalen Einwanderer, Asylanten und Armutsflüchtlinge, Sinn und Nutzen der Agenda 2010 usw. – überall wird geschummelt, verheimlicht, getrickst und abgewiegelt. Ist es Naivität oder schlichte Gutgläubigkeit – warum fallen selbst gestandene Politiker so oft auf die Propagandazahlen vermeintlicher Expertenrunden, renommierter „unabhängiger" Institute und Ministerien herein?

**Bilanzkosmetik ist die Geißel
der modernen Demokratie!**
Zahlen und Statistiken liefern die Basis aller politischen Rechtfertigungen und Entscheidungen. Falsche Zahlen und frommes Wunschdenken führen logischerweise zu fatalen politischen Fehllenkungen.

Man denke nur an den Euro. Der wurde (auf Drängen Frankreichs) mit ungeheurem Aufwand gegen den ausdrücklichen Willen der Bundesbürger eingeführt und bringt jetzt den ganzen Kontinent an den Rand des Ruins. Es wird hunderte von Milliarden Euro (wenn nicht gar Billionensummen) kosten, um aus dieser Nummer wieder herauszukommen.

**Haben Sie wenig Respekt vor amtlichen Zahlen
oder unbeweisbaren Behauptungen!**
Seit 1980 sinken (nicht nur in Deutschland) die inflationsbereinigten Nettolöhne trotz stetig steigender Produktivität. Wer verstehen will, wie dieses seltsame Phänomen zustande kommt, muss nicht nur die heuchlerische Phrasendrescherei in Frage stellen („der Euro, die EU, die Globalisierung fördern unseren Wohlstand"), sondern vor allem erst einmal mit ehrlichen Daten sich eine neutrale Diskussionsbasis schaffen.

Seit 1980 sinken die inflations- bereinigten Löhne und Renten!

Seit 1980 sind die inflationsbereinigten Nettolöhne und Renten in Deutschland um etwa 20 % gesunken. Und dass, obwohl die Produktivität sich nahezu verdoppelte. Anstelle eines üblichen Wohlstandszuwachses von ca. 100 % hat sich also in gut 30 Jahren ein deutliches Minus ergeben. In konkreten Zahlen ausgedrückt heißt das: <u>Wer heute 1500 Euro netto verdient müsste eigentlich</u> (unter normalen Bedingungen) <u>längst 3400 Euro netto bekommen.</u>

Lohnsenkungen trotz doppelter Produktivität?
Leider mogeln sich Politik und Medien um dieses zentrale Thema herum. Sie wollen den Widerspruch nicht sehen und vor allem nicht diskutieren. Denn würde in aller Offenheit darüber geredet, kämen unweigerlich unliebsame Wahrheiten ans Tageslicht. Es würde deutlich, dass weder die Globalisierung noch die EU zur Wohlstandsmehrung etwas beigetragen haben – ganz im Gegensatz zu dem, was uns immer wieder von allen Seiten beteuert wurde. Dies gilt selbst für eine „Exportnation" wie Deutschland. <u>Es würde offenbar, dass im Gegenteil EU und Globalisierung systematische Wohlstandskiller sind!</u>

Denn es leuchtet ja durchaus ein: Ein Land ohne vernünftige Zollgrenzen kann sich gegen das globale Dumpingsystem nicht wehren – ein Land ohne Zollgrenzen muss unweigerlich mitmachen beim absurden Unterbietungswettbewerb. Nutznießer dieser falschen Wirtschaftspolitik sind vor allem das Großkapital, also Konzerne und Spekulanten – zufällig genau die, die einen großen Einfluss auf die Medien und Politik ausüben.

Auch die Arbeitsbedingungen wurden schlechter!
Durch das perverse globale Dumpingsystem sinken aber nicht nur Löhne und Renten, auch die Arbeitsbedingungen verschlechtern sich. Die Leistungsanforderungen und der Stress nehmen zu, der Kampf um die knapper werdenden Jobs wird härter. Für gering qualifizierte Arbeitnehmer ist in unserer

Arbeitswelt kaum noch Platz – die Wirtschaft kann nur noch extrem belastbare Spitzenkräfte gebrauchen, die nicht aufmucken, mehrere Sprachen beherrschen, sich gehorsam und bescheiden geben. Im Juli 2013 wurde berichtet, dass in den USA über acht Millionen junge Topleute sich mit dem starken Aufputschmittel Adderall vollpumpen, um den harten Belastungen ihres 10-12-Stunden-Arbeitstages gewachsen zu sein. Bei Entzug folgt dann der Zusammenbruch und es drohen chronische Depressionen.

„Aber das stimmt doch gar nicht, die Löhne sind doch gestiegen!"

Die allgemeine Volksverdummung funktioniert bestens. Viele gutgläubige Menschen unterliegen der öffentlichen Erfolgspropaganda und merken nicht einmal, wie es im Lande immer weiter bergab geht. Die negative Entwicklung der inflationsbereinigten Nettolöhne und Renten wird mit allerlei Widrigkeiten begründet. Eine reife Volkswirtschaft könne nun einmal nicht so wachsen, die demographische Entwicklung, die Kosten der Wiedervereinigung usw. seien Schuld. Aber diese Ausflüchte kann ich nicht gelten lassen (siehe Seite 50).

Maßgebend für die Lohnentwicklung kann natürlich nicht das durchschnittliche Erwerbseinkommen der Gesamtbevölkerung sein (es gibt heute weit mehr Akademiker als vor 30 Jahren), sondern nur die Lohnentwicklung in den verschiedenen Berufen. Also was verdient ein Elektriker, Lehrer, Maurer, Arzt, Bäcker oder Verkäufer heute netto im Vergleich zu 1980. Dabei gilt es, auch einige Verschlechterungen zu berücksichtigen: Deutliche Kürzung der Rentenansprüche, höhere Zuzahlungen im Gesundheitsbereich, Abschaffung eines Feiertages, schlechtere Arbeitszeiten (mehr Spätschichten, Sonntagsdienste), Abbau übertariflicher Zulagen, volle Rente erst ab 67, nicht honorierte Schichtarbeiten und Fortbildungen, unbezahlte Überstunden usw..

Fest steht, dass von 1900 bis 1980, in einer Zeit funktionsfähiger Zollgrenzen (also ohne EU und Globalisierung), der allgemeine Wohlstand (die Reallöhne) sich mindestens verfünffacht haben! Berücksichtigt man die Kriegs- und Nachkriegszeiten, so bleibt festzustellen, <u>dass die Verfünffachung des Wohlstandes sich de facto in 50 Jahren vollzog</u>.

Wie ehrlich ist die deutsche Arbeitslosenstatistik?

„So viele Beschäftigte hatten wir noch nie!"
Gibt es derzeit wirklich ein Beschäftigungswunder, weil wir in Deutschland die niedrigsten amtlichen Arbeitslosenzahlen seit 1993 aufweisen können? Zunächst einmal: Die amtlichen Arbeitslosenzahlen sind wie die Spitze des Eisbergs, sie verdecken bzw. verschleiern das wahre Ausmaß der Katastrophe, die verdeckte Arbeitslosigkeit. Aber damit nicht genug: Die momentan „guten" Zahlen beruhen auf teuer erkauften, abenteuerlichen Sondereffekten:

Die EZB überschwemmt den Markt mit Billiggeld!
Die Europäische Zentralbank kann nach Herzenslust neues Geld generieren („drucken") und dieses Geld dann zwecks Konjunkturbelebung auf die Märkte werfen! Folgen dieser unseriösen Machenschaften sind nicht nur ausufernde Staatsverschuldungen und Spekulationsblasen, sondern auch „vorgezogene" Wirtschaftsbelebungen auf Pump. Privatleute und Unternehmen ziehen wegen der niedrigen Zinsen Käufe und Investitionen lediglich vor – der Konjunktureinbruch danach wird um so heftiger ausfallen.

Es wird gebaut und renoviert wie selten zuvor!
Zu normalen Zeiten vor der Globalisierung (also vor 1980) galten mit 8 % verzinste Hypotheken als langjähriger Durchschnittswert. Heute liegen die Angebote zwischen sagenhaften 1,5 und 2,9 Prozent. Der historisch niedrige Zinssatz hat aber keinen natürlichen Hintergrund. Er wurde manipuliert, indem die EZB den Banken frisch gedrucktes Geld nahezu zinslos verleiht (derzeit 0,05 Prozent) – also weit unterhalb der jährlichen Inflationsrate.

Ein seriöser Hypothekenzins müsste auch heute bei ca. 6 % liegen (Inflationsrate + Ausfallrisiko + Bearbeitungskosten + Gewinnmarge). Leidtragende dieser (künstlich hervorgerufenen) Geldschwemme sind zunächst alle Sparer, Lebensversicherte usw., denn sie alle werden schleichend enteignet (die Sparzinsen sind niedriger als die Inflationsrate).

Manche Sparer versuchen diesem Teufelskreis durch ris-

kante Investments zu entgehen, was wiederum die Spekulation antreibt und die Weltwirtschaft immer unsicherer macht.

Dank der künstlich erzeugten Dumping-Hypotheken wird
momentan natürlich gebaut und renoviert wie verrückt, denn
jeder Bauherr möchte die anormal günstigen Bedingungen
ausnutzen. Die Folgen dieser (meines Erachtens unverant-
wortlichen) Konjunkturpolitik der Zentralbanken: Nach dem
Bauboom erfolgt der Absturz in die Tiefe, wie wir ihn zum
Beispiel seit ca. fünf Jahren in Spanien erleben. Dort nützen
jetzt auch die niedrigen Hypothekenzinsen nichts mehr, weil
ein Überangebot an Häusern und Wohnungen besteht und in
einem Klima hoher Massenarbeitslosigkeit und unsicherer
Arbeitsplätze sich kaum jemand langfristig verschulden und
binden mag.

Weitere Folge: Das schnell generierte Billiggeld der Zentralbanken (das sogar zum Ankauf dubioser Staatsanleihen
missbraucht wird), beschädigt langfristig das Vertrauen in die
betroffenen Währungen. Niemand kann sagen, wann ein solch
steter Werteverfall in eine Massenpanik umschlägt, wie sie
Deutschland Anfang der 1920er Jahre erlebt hat (Hyper-
inflation). Zentralbanken, die über Jahre selbst generiertes
Geld weit unterhalb der Inflationsrate an Banken verleihen,
spielen mit dem Feuer!

Weitere Ursachen für das „Beschäftigungswunder"
Natürlich gibt es auch noch andere Ursachen für die derzeit
„guten" Zahlen in der Arbeitslosenstatistik. In Deutschland
erleben wir seit über 30 Jahren einen völlig widernatürlichen
Rückgang der Reallöhne und Renten. Widernatürlich deshalb,
weil der technologische Fortschritt die Produktivität im gleichen Zeitraum fast verdoppelt hat. Logisch, dass Deutschland
mit seiner Lohnzurückhaltung manch westliche Konkurrenz-
staaten abgeschlagen hat. Aber dieser eklige Verdrängungswettbewerb bietet keine Lösung auf Dauer und wird uns noch
teuer zu stehen kommen (Schuldenschnitte und Rettungs-
pakete für andere EU-Staaten).

In einer aktuellen Statistik wurde festgestellt, dass von
1999 bis 2009 die Zahl der unbefristeten Arbeitsverträge um
weitere 19 % auf nunmehr unter 50 % gesunken ist. Auch
dieses Phänomen zeigt, wie es um den Arbeitsmarkt heute
tatsächlich bestellt ist (Generation Praktikum).

Der Euro führt zum Währungsdumping!
Hätte Deutschland noch seine DM, wäre dessen Außenwert höher. Importe (und damit auch Rohstoffe) wären also billiger und Exporte teurer. Die Eintopf-Währung Euro verhindert eine marktgerechte Bewertung der deutschen Volkswirtschaft, weil die Euro-Krisenländer die Währung nach unten ziehen. Der vermeintliche Beschäftigungserfolg hängt also auch mit dem widerlichen Währungsdumping zusammen. Auch aus diesem Grund versucht man den Euro um jeden Preis zu retten. Denn die Rückkehr zur DM würde eine Aufwertung zur Folge haben und zumindest vorübergehend den deutschen Export drosseln. Doch wie lange wird man den Euro noch halten können? Und braucht Deutschland die irren Handelsbilanzüberschüsse überhaupt?

Umkehrung der Maßstäbe!
Wie war es doch gleich damals, im Januar 1993? Damals empfand man drei Millionen Arbeitslose noch als absolute Katastrophe, die mit den Anpassungsschwierigkeiten in den neuen Bundesländern gerechtfertigt wurde. Die Januarzahlen 1993 wurden als vorübergehender Ausnahmezustand dargestellt. Man versprach, die Probleme schnellstens zu lösen. Und heute, nach 20 bitteren Jahren, feiert man die Rückführung auf die Horrorzahlen von damals als Bombenerfolg. Wobei ja, wie bereits erwähnt, die offiziellen Zahlen dank ausgeklügelter Bilanzkosmetik mit der Realität kaum noch etwas gemein haben.

Schon bald wird uns die Rechnung präsentiert werden!
Die momentanen „Beschäftigungserfolge" werden schon bald ihre Grundlagen verlieren. Dann wird sich zeigen, was unterm Strich dabei herauskommt und welche Arbeitslosenprobleme wir wirklich haben.

Wie lange noch will man mit einer Billiggeldschwemme gegen marktwirtschaftliche Kräfte ankämpfen?

Die verdeckte Arbeitslosigkeit ...

Die Arbeitslosenzahlen sind für jeden Staat ein Gradmesser der wirtschaftlichen Stärke. Wie ein Fieberthermometer geben diese Zahlen Aufschluss über den gesundheitlichen Zustand einer Volkswirtschaft. Doch überall in der Welt wird bei den Arbeitslosenzahlen massiv getrickst – aus Angst vor der Wahrheit!

Monat für Monat wird auch der deutschen Bevölkerung etwas vorgegaukelt. Bei der regelmäßigen Verkündung der Erwerbslosenzahlen wird das wahre Ausmaß des Problems verniedlicht, indem man einfach die meisten Arbeitslosen (etwa zwei Drittel) aus der Statistik verbannt. Die amtlichen Statistiken vermitteln somit ein trügerisches Bild – es werden zurzeit (Juli 2013) gerade einmal 2,9 Millionen Erwerbslose ausgewiesen. Doch diese Zahl deklariert lediglich den ausgesiebten Rest, der sich nicht mehr verschleiern lässt!

Erwerbslose über 58 werden häufig nicht mitgezählt!
Weil die Leistungsfähigkeit im höheren Lebensalter allgemein nachlässt, werden ältere Angestellte von den Unternehmen gerne „entsorgt" – entweder ganz entlassen oder in die Altersteilzeit oder den vorzeitigen Ruhestand abgeschoben. Diese millionenfachen Schicksale tauchen in den Arbeitslosenstatistiken selten auf, weil ältere Menschen wegen des globalen Dumpingwettbewerbs (Zollverzichts) als kaum noch vermittelbar gelten. Allein durch diese eine Manipulation bleibt das wahre Ausmaß der Massenarbeitslosigkeit weitgehend verborgen. Laut aktueller Statistik ist nur jeder dritte Bundesbürger über 60 noch erwerbstätig.

Ein-Euro-Jobs, Kurzarbeit, ABM-Maßnahmen ...
Auch diese Instrumente dienen letztlich der Verschleierung! Böse Zungen behaupten, Ein-Euro-Jobs und teure ABM-Maßnahmen gäbe es nur der Statistik wegen. Man könnte diesen Verdacht leicht ausräumen: Würden auch diese Erwerbslosen offen und ehrlich in der Arbeitslosenstatistik auftauchen, wären alle Unterstellungen schnell widerlegt.

Draufgesattelte Schuljahre, Zweitausbildungen, Praktika usw.

Was machen viele Schulabgänger, wenn sie keinen Ausbildungsplatz finden? Richtig, sie verlängern ihre Schulzeit oder absolvieren Sonderlehrgänge und Praktika. Aber dies sind alles nur Notlösungen, um den beruflichen Start nicht gleich mit der Arbeitslosigkeit zu beginnen. Wenn die Arbeitslosenzahlen als Fieberthermometer funktionieren sollen, müssten natürlich auch diese Fälle mitgezählt werden. Ebenso wie alle diejenigen, die wegen schlechter Aussichten auf dem Arbeitsmarkt eine ganz neue Ausbildung beginnen (weil sie sich im neuen Beruf bessere Beschäftigungschancen erhoffen).

Vortäuschung von Krankheiten

Auch das gibt es: Wegen mangelnder Vollzeitjobs flüchtet sich manch einer in eine schwer nachweisbare Dauerkrankheit (zum Beispiel eine Depression) oder gar in die Frühinvalidität. Damit steht sich der Betroffene finanziell oft besser und braucht schlechte Jobs oder Aushilfsarbeiten gar nicht erst annehmen. In vielen Fällen ruft das unerfüllte Leben der Erwerbslosigkeit echte schwere Erkrankungen hervor – auch hier versagt die Statistik.

Segen und Fluch der verdeckten Arbeitslosigkeit

Tatsächlich haben wir in Deutschland etwa zehn Millionen Arbeitslose. Dass nur knapp ein Drittel von ihnen statistisch erfasst wird, hat zunächst einmal eine beruhigende Wirkung auf die Bevölkerung. Würde man plötzlich auf alle Tricks verzichten und den Bürgern reinen Wein einschenken, wäre mit einer drastischen Eintrübung des Konjunktur- und Geschäftsklimas zu rechnen. Andererseits verhindert aber die ewige Bilanzkosmetik notwendige Einsichten.

Würde die Politik und das Land endlich zur Kenntnis nehmen, dass in Deutschland etwa zehn Millionen gesunde und arbeitswillige Menschen gegen ihren Willen vom normalen Berufsleben ausgeschlossen werden (und damit oft der Allgemeinheit auf der Tasche liegen bzw. die Lohnnebenkosten in die Höhe treiben), wären überfällige Reformen längst vollzogen worden. Dann würde nämlich selbst der abgebrühteste Phrasendrescher es nicht mehr wagen, den Freihandel, die EU, den Euro oder die Globalisierung als „wohlstandsfördernd" zu preisen. Dann würde endlich eingesehen, dass ein Hochlohnland wie Deutschland sich nicht blauäugig dem globalen Dumpingwettbewerb ausliefern und auch den weltweit praktizierten Protektionismus nicht länger ignorieren darf.

Die verdeckte Arbeitslosigkeit führt zu falschen Schlussfolgerungen – es ist fast so, als würden mit geschönten Zahlenwerken alle Alarmsirenen ausgeschaltet, bloss um die öffentliche Ruhe nicht zu stören. Die verdeckte Arbeitslosigkeit müsste übrigens weit höher angesetzt werden, würden auch die fünf Millionen Minijobber mitgezählt und Arbeitsuchende, die keinerlei staatliche Unterstützungszahlungen erhalten.

„Unser größtes Problem ist der Facharbeitermangel!"
Bei derlei Verhöhnungen muss sich doch jeder der fünfzehn Millionen Bundesbürger, die über Jahrzehnte verzweifelt einen festen, sozialversicherungspflichtigen Job suchen, veräppelt vorkommen. Denn den angeblichen Facharbeitermangel gibt es höchstens vorübergehend in einigen Ausnahmefällen.

Wenn Unternehmer klagen, sie fänden keine Leute, so liegt es meistens an ihnen selbst. Weil sie nicht genügend ausgeben wollen, keine feste Anstellung bieten, zu hohe Anforderungen stellen (z. B. unbezahlte Überstunden erwarten), besondere Leistungen wie Schichtarbeit nicht anständig honorieren wollen oder aber die Firma einen schlechten Ruf hat.

Um Politiker rechtzeitig zu instrumentalisieren („wir brauchen mehr Zuwanderer"), wird bereits für 2025 ein Fachkräftemangel von sechs Millionen prognostiziert. Aber diese Panikmache ist nicht neu. In den 1990er Jahren wurde ein solches Horrorszenario bereits für das Jahr 2010 prophezeit.

Im Grunde wie die griechischen Schummeleien ...
Das Beispiel Griechenland veranschaulicht was passiert, wenn man über Jahre fundamentale Daten schönt und die Wahrheit verdrängt. Irgendwann fliegt der ganze Schwindel auf und dann ist die Katastrophe unabwendbar. Auch die Kleinrechnung des Arbeitslosenproblems bedeutet Selbstbetrug und Täuschung der Märkte. Würde überall auf der Welt mit offenen Karten gespielt, wäre das Zeitalter der Globalisierung längst Geschichte, weil die verheerenden Folgen des Zollabbaus erkannt worden wären. So aber steht der Menschheit diese Lektion und Kehrtwende noch bevor.

Kapitel IV

Die Propagandatricks der Kapital- und Freihandelslobby

Mit welchen Tricks und Vorurteilen die Menschheit aufs Glatteis geführt wird.

Die Kernfrage bleibt: „Warum sinken seit gut 30 Jahren die Reallöhne, warum fehlen heute in Deutschland 15 Millionen sozialversicherungspflichtige Arbeitsplätze?"

Wohlfeile Thesen
und bezahlte Studien ...

Laut Wikipedia kommen die meisten „Studien" zu dem Ergebnis, der Freihandel diene dem Wohlstand eines Landes weit mehr als der Protektionismus. Leider wird bei derartigen Beweisführungen wenig berücksichtigt, wer die Auftraggeber dieser Gefälligkeitsgutachten sind. Es sind (und das dürfte wenig überraschen) überwiegend die Nutznießer der Globalisierung – also die großen Markenhersteller und Konzerne.

Aber davon einmal abgesehen: Schon die krasse Gegenüberstellung von <u>Freihandel</u> und <u>Protektionismus</u> steckt voller List und Tücke. Denn die beiden Extreme stehen gar nicht zur Debatte! Nicht einmal Globalisierungsgegner wünschen eine Abschottung der eigenen Volkswirtschaft. Denn auch sie wissen, wie nützlich eine ausländische Konkurrenz ist, um die Wettbewerbsfähigkeit der inländischen Wirtschaft zu erhalten.

Nicht der Welthandel soll also abgeschafft werden, sondern allein das extrem unfaire globale Lohn- und Steuerdumping. Arbeitskosten von einem bis dreißig Euro die Stunde und Ertragssteuern von null bis vierzig Prozent dürfen nicht ungefedert aufeinanderprallen. Eine solche Diskrepanz kann auf Dauer nicht gutgehen. Eine faire Studie würde also den Freihandel (den totalen zwischenstaatlichen Zollverzicht) nicht mit dem Protektionismus, sondern dem Vorhandensein angemessener Zollgrenzen vergleichen.

Ein Staat, der sich vor den schlimmsten Auswüchsen des weltweiten Unterbietungswettbewerbs über Zölle schützt (und deshalb von den Global Playern weniger erpressbar ist), müsste bei jeder ehrlichen Analyse besser abschneiden als ein Staat, der dem Drängen des Großkapitals nachgibt und auf den Freihandel setzt. Keine fundierte Auftragsstudie wäre imstande, diese banale Erkenntnis zu widerlegen.

Erhöht der totale Freihandel die Produktivität?
Angeblich führen Zölle zu Produktions- und Konsumverzerrungen. Weil eben der Zoll die Attraktivität eingeführter Waren schwächt. Das Argument wäre stichhaltig, wären weltweit die fundamentalen Standortbedingungen auf gleichem

Niveau (Löhne, Steuern, Umweltauflagen, Arbeits- und Wirtschaftsrecht usw.). Aber wir alle wissen: Genau diese Grundvoraussetzung wird nicht erfüllt. Noch nie in der langen Menschheitsgeschichte waren die Unterschiede so krass wie heute. Wie unproduktiv die „internationale Arbeitsteilung" tatsächlich ist, habe ich auf den Seiten 15-19 ausgeführt.

Die meisten Importe erhalten ihre Attraktivität demnach ausschließlich durch die Ausbeutung der Arbeitskräfte in den Billiglohnländern. Bei weltweit angeglichenen Löhnen und Steuern würde schon wegen der anfallenden Transportkosten viel mehr im eigenen Land hergestellt.

In diesem Zusammenhang mit der Behauptung aufzuwarten, Zölle führen zu Produktionsverzerrungen, ist schon starker Tobak. Denn ein Großteil der eingeführten Waren wurde ja nicht einmal im Herstellungsland entwickelt und gestaltet. Bangladesch zum Beispiel wird man kaum als schöpferisches Zentrum der Modewelt betrachten. Es ist doch wohl eher so, dass gerade der Freihandel zu Produktionsverzerrungen führt – nicht aber umgekehrt.

Führt der Freihandel zum schnelleren Erreichen optimaler Betriebsgrößen?
Zunächst die Frage: Welche Betriebsgrößen gelten als optimal? Die monopolartigen Gebilde etwa, die sich im globalen Verdrängungswettbewerb immer mehr herausbilden? Haben Google, Apple, Microsoft, Amazon, Facebook oder die tonangebenden amerikanischen Bankhäuser und Ratingagenturen, die Auto-, Kamera-, Computer- und Handyhersteller inzwischen eine optimale Größe erreicht? Oder sollte dort noch ein weiterer Konzentrationsprozess stattfinden?

Der Monopolisierungstrend wurde durch die Globalisierung (den Zollabbau) massiv angeheizt. Nur ein Narr oder eben ein Profiteur kann diese Entwicklung gutheißen.

Beflügelt der verstärkte internationale Wettbewerb die Innovation?
Tatsächlich erleben wir derzeit eine Phase der hektischen Forschung und Umwälzung. Die Entwicklungszyklen hochtechnologischer Geräte werden kürzer, der schnellen Modellfolge von Autos, Computern, Kameras, Smartphones, Software usw. kann kaum jemand folgen. Doch warum dreht sich unse-

36

re Welt jetzt immer schneller? Hat es nicht vielleicht auch mit der starken Zunahme der Weltbevölkerung zu tun (Verdreifachung in nur 100 Jahren), die eine Multiplizierung der Forschungsanstrengungen ermöglicht?

Wie aber verläuft der langfristige Trend? Werden die monopolartigen Strukturen zunehmend Konkurrenten ausschalten und damit den Wettbewerb schwächen?

Davon aber einmal abgesehen: Das hohe Tempo in der Produktentwicklung hat auch Nachteile. Viele Menschen kommen nicht mehr mit und fühlen sich überfordert. Die Bedienungsanweisungen technischer Geräte werden immer umfangreicher. Und was im Bereich Computer und Software abläuft, erinnert schon an Kaufzwang und Nötigung (häufige Upgrades, die auf etwas älteren, durchaus intakten Computern nicht mehr laufen). Die ständigen „Innovationen" begünstigen eine Wegwerfgesellschaft, die alles andere als erstrebenswert scheint.

Absurde Beweisführung

Laut einer bei wikipedia erwähnten Studie verglichen zwei US-Ökonomen protektionistisch ausgerichtete Staaten mit solchen, die zum Freihandel tendierten. Natürlich gingen bei dieser Bewertung die liberalen Volkswirtschaften als Sieger hervor (höheres pro-Kopf-BIP und Wirtschaftswachstum).

Doch was taugen Studien, wenn grundlegende Standortvor- und nachteile ignoriert und willkürliche (passende) Zeiträume herausgepickt werden? Viele Schwellenländer erlebten einen rasanten Aufstieg, weil sie von der Plan- zur Marktwirtschaft wechselten, die Korruption erfolgreich bekämpften, das Bildungssystem verbesserten usw..

Freiheitsliebend waren diese erfolgreichen Länder oft nur in einer Richtung, nämlich dem Export. Sie erkämpften sich globale Marktanteile über Subventionen und extremes Lohn- und Steuerdumping.

Bei der Wareneinfuhr aber endete ihre Freiheitsliebe: Hohe Einfuhrzölle, Einfuhrbeschränkungen, willkürliche Importauflagen usw. – und für ausländische Investoren strenge Reglementierungen (erzwungene Beteiligungen). <u>Aus diesen stark protektionistisch ausgerichteten Staaten einen Sieg des Freihandels abzuleiten, halte ich für mehr als unverschämt.</u>

Warum drücken sich derlei Studien um die wirklich rele-

vanten Daten, zum Beispiel der Entwicklung der inflationsbereinigten Nettolöhne der liberalen Industrienationen seit
1980? Antwort: Ein steter Niedergang der Arbeitseinkommen
(und Renten) passt halt so gar nicht in das Konzept derjeni-
gen, die auf Biegen und Brechen die Vorzüge des Freihandels
propagieren wollen, sollen, müssen.

Verschwörungstheorien beim Lebensmittelhandel

Wikipedia befasst sich in seinen Ausführungen über den Freihandel ausführlich mit dem Protektionismus bei Agrarproduk-
ten. Die Abhandlung schließt mit dem Fazit: „Die Subventionierung der Landwirtschaft verhindert erstens in Industrieländern den Strukturwandel und zweitens eine soziale Kon-
vergenz der Entwicklungsländer.".

Den Industrienationen wird vorgeworfen, durch die starke
Subventionierung ihrer Landwirtschaft den Entwicklungsländern faire Marktchancen zu rauben. Angeblich erpresse die
EU und die USA sogar die Entwicklungsländer mit der An-
drohung, die Entwicklungshilfe auszusetzen und Kredite zu
kündigen, sollte der Import von Lebensmitteln aus der EU
und den USA über Zölle behindert werden.

Die EU und die USA sind demnach also doppelt böse: Sie
verlangen für ihre Lebensmittelexporte den ungehinderten
Zugang, machen die eigenen Absatzmärkte aber weitgehend
dicht. Somit wird den Bauern in den Entwicklungsländern
angeblich die Existenzgrundlage genommen.

Diese immer wieder vorgebrachten Anklagen eignen sich
gut, die Taktik der Freihandelslobby näher zu beleuchten und
die Probleme exemplarisch aufzuschlüsseln.

Zunächst einmal: Auch ich bin ein Gegner der absurden EU-
Subventionen. Es wäre viel billiger und produktiver, den Erhalt der inländischen Landwirtschaft über angemessene Zölle zu sichern. Aber davon einmal abgesehen: Wovon reden wir
überhaupt? Gilt etwa Afrika als der Kontinent, der Nahrungs-
mittel aufgrund seiner klimatischen Bedingungen im Über-
fluss herstellen kann? Ist es nicht vielmehr so, dass es auf
dem schwarzen Kontinent immer wieder zu großen Hungers-
nöten kommt, bei denen der Westen helfend eingreifen muss?

Könnten Getreide, Obst, Gemüse und Fleisch unter regulä-
ren Bedingungen in afrikanischen Staaten wirklich besser oder
billiger hergestellt werden, so dass auch noch der weite Kühl-

transport nach Europa lohnt?

Wirklich Sinn macht der Lebensmittelexport nach Europa hauptsächlich bei exotischen Früchten, die auf unserem Kontinent nicht wachsen (Kaffee, Kakao, Reis, Bananen, Kiwis usw.). Und in diesem Bereich sind die Zölle immer weiter abgesenkt worden. Für den Steueranteil eines einzigen Kilos Kaffee musste Mitte der 1950er Jahre ein Durchschnittsverdiener etwa fünf Stunden arbeiten – heute sind es vielleicht gerade einmal fünf Minuten (ein Sechzigstel).

Welcher Strukturwandel wurde in den Industrieländern durch die vermeintliche Erpressung der Entwicklungsländer verhindert? Hätte der totale Freihandel in Deutschland zum Beispiel das Ende der heimischen Landwirtschaft bewirken sollen? Sollten unsere Agrarflächen nur noch für die Forstwirtschaft, der Produktion von Biosprit und dem Betrieb der Biogasanlagen genutzt werden? Ist es das, was den Freihändlern vorschwebt?

Wie aber würden bei einer solch angestrebten Abhängigkeit vom Ausland unsere Nahrungsmittellieferanten auf globale Missernten reagieren? Hätten dann die treuen Abnahmeländer Vorrang oder würden die afrikanischen Regierungen nicht doch zunächst die eigene Bevölkerung vorm Hungertod bewahren wollen?

Auch wenn wir derlei Extremszenarien ausblenden: Die Weltbevölkerung wächst weiterhin unaufhaltsam (weil dieses Problem zu wenig thematisiert wird) und die Auswirkungen der Klimaveränderung auf das Nahrungsmittelangebot sollte man auch nicht unterschätzen. Bei einer Verknappung ziehen bekanntlich die Preise an. Damit verändern sich die Rentabilitätsparameter. Liegen die landwirtschaftlichen Produktionskosten in Deutschland wegen des abnormen Lohngefälles derzeit noch über dem Weltmarktniveau, kann sich das schnell wieder ändern.

Bei industriellen Gütern haben wir das bereits zur Genüge erlebt. Die Solartechnik zum Beispiel wurde von deutschen Firmen maßgeblich entwickelt. Die subventionierte asiatische Konkurrenz hat dann aber deutsche Solarpioniere zur Aufgabe gezwungen. Inzwischen sind wir auch hier auf ausländische Importe angewiesen, obwohl die Solarmodulpreise sich wieder erholt haben. Verlorenes Terrain kann leider nicht auf Knopfdruck zurückerobert werden, weil die Fabriken nicht

mehr existieren und technologisch längst der Anschluss ver-
lorenging.

Der Freihandel ist keine Erfindung der Neuzeit!

Bereits im 18. Jahrhundert hat Adam Smith (auf den man
sich auch heute noch so gerne beruft) den Freihandel propa-
giert. Viele Regierungen sind seit dieser Zeit Smith's Argu-
menten und dem Drängen des Großkapitals gefolgt. Und immer wieder kam es dabei zu Weltwirtschaftskrisen, die sich
erst durch eine Wiederbelebung der Zollgrenzen allmählich
auflösten.

In Deutschland wurde die erste große Freihandelphase 1879
durch den Zolltarif beendet, in anderen Staaten teils früher,
teils später. Dieses Umdenken geschah nicht aus Jux und
Tollerei, sondern weil erkannt wurde, dass der Freihandel in
eine Sackgasse führt. Die Wiederbelebung der Zölle sorgte
dann weltweit für eine wirtschaftliche Blüte.

Die zweite Freihandelsära endete schließlich mit dem Bör-
sencrash im November 1929. Überwunden wurde diese globale Wirtschaftskrise wiederum durch die Rückbesinnung auf
das bewährte Zollsystem und die Stärkung des eigenen Bin-
nenmarktes. Für die lange Phase der damaligen Depression
macht die Freihandelslobby die Zollpolitik verantwortlich. Sie
verdreht damit Ursache und Wirkung. Denn auch die Zoll-
verächter wissen schließlich ganz genau: Schuld am Ausmaß
der damaligen Katastrophe waren politische Fehler. Vor allem die sture Verknappung der Geldmenge nährte die Krise –
nicht aber die Wiederbelebung der Zölle.

Anmerkung: Wikipedia gilt gemeinhin als unabhängige In-
stanz und Informationsquelle. Die meisten Bürger orientie-
ren sich zunächst einmal an deren Ausführungen, wenn sie
etwas genau wissen möchten. (Zumal deren Texte bei google
fast immer auf Platz 1 gelistet sind).
Wikipedia prägt also im besonderen Maße das Meinungsbild
(bzw. gibt das wieder, was sich als gängiges Basiswissen in
der Gesellschaft verfestigt hat). Deshalb nutzte ich die Gele-
genheit, konkret auf Wikipedias Darstellungen und Argumente
(Stand vom 8. 8. 2014) zum Thema Freihandel einzugehen.

„Aber der Normalbürger kann sich doch heute viel mehr leisten als vor 30 Jahren ..."

Vorurteile sind kaum auszurotten. Trotzig beharren viele Zeitgenossen immer noch darauf, dass es Otto Normalbürger heute deutlich besser geht als vor 30 Jahren. Seltsamerweise aber sind die Wortführer dieser „Wohlstandstheorie" selten älter als 30 oder 40 Jahre – sie haben den damaligen Standard selbst kaum miterlebt. Dabei wird leider auch immer wieder der Reallohn mit dem Wohlstand gleichgesetzt.

• Es wird ignoriert, dass zum heutigen Wohlstand im Gegensatz zu früher weit mehr Erbschaften, Kapitalerträge und Spekulationsgeschäfte beitragen.

• Es wird übersehen, dass der Wohlstand zum Teil auf Pump finanziert wurde (höhere Staats- und Privatverschuldung).

• Es wird missachtet, dass der Normalbürger inzwischen viel mehr in seine Ausbildung investieren muss (es wird der Akademiker mit dem damaligen Facharbeiter verglichen) und es werden schließlich auch noch die eindeutigen Loser der Globalisierung aus den Köpfen verbannt.

• Gehören die fünfzehn Millionen Arbeitslosen, Minijobber, Zeitarbeiter, Vorruheständler usw. nicht mehr in die Vergleichsstatistik, weil sie jetzt keine Normalbürger mehr sind?

Zu alledem vernebeln auch noch gesellschaftliche Veränderungen den Blick. Zwar gibt es heute mehr sichtbare Wohlstandssymbole (Pkw, Eigenheime, Fernreisen usw.), dafür sind aber häufig andere Formen der Lebensqualität verloren gegangen. Kinder zum Beispiel können oder wollen sich heute viele junge Leute trotz hoher staatlicher Fördergelder nicht mehr leisten.

Man darf sich ruhig einmal erinnern: In der vermeintlich wohlstandsarmen Zeit vor der Globalisierung genügte oft ein Alleinverdiener, um die ganze Familie nahezu ohne staatliche Hilfen (minimale Kindergelder) anständig zu ernähren.

Behauptung, Vorurteil:

„Aber der Zollabbau erschließt doch ganz neue Absatzmärkte ..."

„Deutsche Unternehmen exportieren in alle Welt und erhöhen somit ihren Absatz – ein solcher Verkaufserfolg muss sich für unser Land doch irgendwie auszahlen!"

Richtigstellung:
Wer gutgläubig auf derlei Propagandaphrasen hereinfällt, verkennt die Kehrseite der Medaille. Zwar profitieren exportorientierte Premiummarken von den offenen Zollgrenzen, <u>doch die vielen Verlierer dieses globalen Wettbewerbs werden unter den Tisch gekehrt.</u> Denn im Gegenzug zum Export haben regelrechte Importlawinen die meisten der damals bedeutenden Industriezweige in Deutschland überrollt. Was uns täglich voller Stolz als Exporterfolg unter die Nase gerieben wird, zeigt nur <u>den kläglichen Rest einer einst allumfassenden Produktionspalette.</u>

Deutschland kann heute die meisten alltäglichen Konsumartikel nicht mehr selbst herstellen. Ob Schuhe, Textilien, Handys, Computer, Kameras, Büromaschinen, Haushalts- oder TV-Geräte – fast alles kommt heute aus irgendeinem Billiglohnland. Dadurch fehlen etwa zehn Millionen Vollzeit-Arbeitsplätze. Unsere vier verbliebenen Paradedisziplinen (Automobil- und Maschinenbau, Pharmazie und Chemie), mit denen uns immer wieder der Kopf verdreht werden soll, können dieses gigantische Loch bei weitem nicht stopfen.

Fazit: Nur ein Teil der deutschen Unternehmen hat von „den neuen Absatzmärkten" profitiert. Meistens lief es umgekehrt: Im Billiglohnland hergestellte Produkte eroberten den zahlungskräftigen deutschen Absatzmarkt und zwangen unsere heimischen Hersteller zur Aufgabe.

Auch Italien meldet zurzeit trotz Krise stolze Exporterfolge. Doch wie seltsam, trotzdem sinken die Beschäftigungszahlen in der italienischen Exportindustrie. Wie kann das sein? Ganz einfach: Auch Italiens Exporte werden zunehmend von ausländischen Zulieferern erwirtschaftet. Das italienische Exportvolumen wächst zwar offiziell – aber die Eigenleistung (die Fertigungstiefe) geht kontinuierlich zurück.

42

„Aber die Entwicklungs- und Schwellenländer profitieren doch vom Freihandel!"

Wenn man an die aufstrebenden Schwellenländer China, Indien, Brasilien usw. denkt, möchte man der obigen These sofort zustimmen.

Doch ganz so einfach ist es dann doch nicht. Denn für den chinesischen Erfolg war vor allem die Hinwendung zum Kapitalismus und die Öffnung zum Westen verantwortlich. Auch in den anderen Aufsteigerländern spielten gravierende Veränderungen die Hauptrolle (allgemeiner technologischer Fortschritt, Bekämpfung der Korruption, verbesserte Bildungssysteme, Anstieg der Rohstoffpreise usw.).

Es ist sehr schwierig zu bewerten, welchen Anteil die Globalisierung (Verlagerung der Produktion in die Billiglohnländer) an dieser Entwicklung hat, denn auch in früheren Zeiten sind schließlich arme Agrarländer zu modernen Industrienationen aufgestiegen. Ich halte es für einen Fehler anzunehmen, die systematische Ausbeutung der Arbeitskräfte diene dem Wohle der Menschheit.

Ein hoher Preis: Die Ausbeutung der Billiglöhner!
Die Globalisierung hat vielleicht den Aufstieg einiger Entwicklungsländer beschleunigt. China etwa verzeichnete seit 1980 ein jährliches Wirtschaftswachstum von durchschnittlich 10 Prozent. Durchaus möglich, dass bei einem gesitteten Welthandel (mit angemessenen Zollgrenzen) nur 8 % herausgekommen wären. Vielleicht wäre dadurch aber auch so manches Elend vermieden worden. In Bangladesch übrigens arbeiten heute, also gut 30 Jahre nach „Erfindung" der Globalisierung, Fabrikarbeiter für einen Stundenlohn von etwa 0,20 Euro.

Diese ausgebeuteten Menschen kennen so gut wie keine Arbeitnehmerrechte und keine soziale Absicherung (Arbeitsunfall, Krankheit, Rente) und hausen in erbärmlichsten Unterkünften. Darf man solche Menschen als Gewinner der Globalisierung (des Zollabbaus) bezeichnen, weil sie für uns die Luxusklamotten herstellen dürfen? Haben die meisten Bengalen vor 40 Jahren nicht doch besser gelebt?

Behauptung, Vorurteil:

„Der Protektionimus hemmt die freie Entfaltung der Wirtschaft!"

Richtigstellung:
Der Protektionismus (Schutz der heimischen Wirtschaft vor ausländischer Dumpingkonkurrenz) gilt als absolutes Teufelswerk. Der Protektionismus ist derart böse, dass die „freie" (kapitalgesteuerte) Presse es nicht einmal wagt, über dieses wichtige Tabuthema offen und ehrlich zu reden bzw. zu schreiben.

Tatsache aber ist: Der Protektionismus wurde mit dem Abbau der Zölle <u>nicht abgeschafft, sondern lediglich umgewandelt.</u> Anstelle der offenen und ehrlichen Zölle greift heute ein ganzes Arsenal verdeckter Tricks, um im globalen Wettkampf ein Überleben der heimischen Wirtschaft zu sichern oder zumindest das Aussterben der Industrien möglichst lange hinauszuzögern.

In Deutschland und der EU wurde der Zoll-Protektionismus weitgehend durch den Subventions-Protektionismus ersetzt – das bedeutet fiskalisch eine totale Umkehr (hohe staatliche Ausgaben statt hoher Einnahmen) zugunsten des Großkapitals. Außerdem bewirken Subventionen einen vielfach unterschätzten Paradigmenwechsel – <u>sie stärken planwirtschaftliche Abläufe auf Kosten der Marktwirtschaft.</u>

Die Welt ist verlogen, der internationale Wettbewerb völlig inhomogen und ungerecht.Um das Schlimmste zu verhindern, nutzen fast alle Staaten als Ersatz für den Zoll eine Reihe anderer Spielarten des Protektionismus (Währungs-, Steuer-, Lohn- und Ökodumping; Korruption und Behördenwillkür zur Abwehr ausländischer Importe und Investoren; das Verbot freier Gewerkschaften usw.). Dieser ganze Mist bleibt vom Westen weitgehend unbeachtet und ungeahndet.

Die Fixierung allein auf die Zölle ist die pure Heuchelei. <u>Denn gerade die Zölle bilden die mit Abstand ehrlichste und ökonomisch sinnvollste Form des Protektionismus.</u>

Behauptung, Vorurteil:

„Nur der Export schafft Wachstum!"

Es ist schier unbegreiflich, in welchem Umfang und mit welcher Phantasie immer wieder neue Argumente erfunden werden, um den Aberglauben an den Nutzen der Globalisierung (dem Zollabbau) zu nähren. Unbeirrt wird in Talkshows und politischen Debatten die Behauptung aufgestellt, allein der Export ermögliche ein Wirtschaftswachstum. Das Erschrekkende: Keiner der Gäste wagt derlei unlogischen Leitsätzen zu widersprechen, so dass sich dieser verhängnisvolle Irrglaube wie ein Virus weiter ausbreiten kann.

Doch betrachten wir die Sache einmal ganz unvoreingenommen: Deutschland hat in den letzten drei Jahrzehnten ganz auf den Export gesetzt. Das Wirtschaftswachstum fiel dennoch mehr als bescheiden aus und die eigentlich wirklich relevante Messlatte, nämlich die Entwicklung der inflationsbereinigten Nettolöhne und Renten, zeigt gar eine rückläufige Tendenz. Deutschland befindet sich seit langem in einem Teufelskreis, in einer gefährlichen Exportabhängigkeit.

Im globalen Dumpingwettbewerb entsteht echtes Wachstum vornehmlich in den Billiglohnländern – die alten Industriestaaten können sich nur retten, indem sie ihre Einkommenserwartungen trotz steigender Produktivität herunterschrauben.

Auch aus einer anderen Perspektive heraus erweist sich die Parole „Wachstum geht nur über den Export" als dummes Gerede. Man stelle sich einmal bildlich vor, Deutschland (oder die USA, China usw.) wäre die einzig bewohnbare Oase auf der Erde, rundherum gäbe es nur Wasser und Wüsten. Ein Export wäre also unmöglich, weil andere Länder gar nicht existieren. Glaubt jemand wirklich, dass in einer solchen Konstellation ein Wirtschaftswachstum ausgeschlossen wäre, es keinen technischen Fortschritt und steigenden Wohlstand geben könnte? Würden in diesem einzig bewohnbaren Land die Menschen ewig auf Steinzeitniveau leben müssen? Sicher nicht!

Fakt ist: Exportmärkte können schnell zusammenbrechen, während die Importabhängigkeit und die Auslandsschulden bestehen bleiben. Der Exportwahn hat bereits so manches Land in den Ruin getrieben.

Behauptung, Vorurteil:

„Ohne Globalisierung wäre das Klimaproblem nicht lösbar ..."

Richtigstellung:
Allen Ernstes will uns die Freihandelslobby auch noch einreden, ohne Globalisierung sei ein wirksamer Umweltschutz undenkbar und auch der Klimawandel könnte dann nicht mehr verhindert werden.

Eine solche Darstellung ist meines Erachtens an Unverfrorenheit kaum noch zu toppen. Denn es ist doch gerade die Globalisierung (der Wegfall der Zollgrenzen), der zu einem völlig absurden Warentourismus geführt hat! Millionen Tonnen von Halbfertigwaren werden tagtäglich auf allen Meeren und Kontinenten hin und her bewegt, um bei Löhnen und Steuern den globalen Unterbietungswettbewerb zu schüren. Deutschland sowie alle anderen alten Industrienationen beziehen bereits die meisten ihrer Konsumgüter aus fernen Ländern und Erdteilen (man schaue nur einmal in ein x-beliebiges Kaufhaus).

Zudem verbietet die globale Dumpingkonkurrenz einen längst möglichen, zukunftsorientierten Umweltschutz. Gäbe es den internationalen Wettbewerb nicht, genösse ein schonender Umgang mit der Natur und den verbliebenen Ressourcen oberste Priorität. Deutschland könnte bereits heute ohne fossile Energien (Öl, Kohle, Gas) auskommen.

Gerade in der Solarindustrie wird aktuell deutlich, in welchem Ausmaß der unfaire globale Vernichtungswettbewerb wütet. Deutsche Firmen haben die zukunftsweisende Solarenergie mit viel Aufwand und Kapital entwickelt und nun ereilt die ehemaligen Marktführer das Schicksal anderer zuvor ausgestorbener Branchen: Gegen die subventionierte Billigkonkurrenz aus Fernost ist kein Ankommen – unsere innovativsten Firmen müssen schließen und das teuer erkaufte Know-how geht unwiederbringlich verloren.

Dies ist wieder einmal der klassische Fall, in dem eine Marktführerschaft gegen eine neue Importabhängigkeit eingetauscht wird.

Behauptung, Vorurteil:

„Die EU hilft uns, die globale Herausforderung zu bestehen!"

Richtigstellung:

Wie widersprüchlich doch bisweilen argumentiert wird! Einerseits will man der Bevölkerung die Globalisierung (den Abbau der Zollgrenzen) als Vorteil verkaufen, andererseits soll aber die Europäische Union den globalen Dumpingwettbewerb entschärfen. Man beschwört den großen intakten Binnenmarkt und verschweigt, dass bereits diese „Freihandelszone" alles andere als gerecht und homogen ist.

Denn auch in der EU sind durch den Wegfall der Zollgrenzen absurde Konkurrenzsituationen entstanden. Wie soll der im Hochpreisland lebende Westeuropäer auf Dauer gegen die osteuropäische Niedriglohnkonkurrenz bestehen können? Einen Binnenmarkt kann es unter völlig ungleichen Bedingungen nicht geben! Deshalb taugt die EU nicht als Hilfe gegen den globalen Dumpingwettbewerb, sondern erweist sich eher als zusätzliche Belastung. Mit dem Verzicht auf nationale Währungen haben die Euro-Staaten zudem das wichtigste Instrument zur Wirtschaftssteuerung und Krisenbewältigung verloren.

Langfristig wird man den in Not geratenen EU-Staaten Griechenland, Zypern, Spanien, Portugal usw. nur helfen können, wenn entweder die EU nach dem Vorbild der USA zu einem echten Einheitsstaat verschmolzen wird (womit kaum noch zu rechnen ist), oder aber ein Rückbau bzw. eine Auflösung der EU erfolgt. Vernünftige Zollgrenzen und eine eigene Landeswährung würden den von der EU-Herrschaft befreiten Staaten den Wiederaufbau ihrer Volkswirtschaft ermöglichen.

Warum sollten die genannten Staaten einen Großteil ihres Konsumbedarfs nicht wieder selbst herstellen können? Es ist doch kein Naturgesetz, dass Textilien, Schuhe, Haushalts- und Elektrogeräte im großen Stil importiert werden müssen! **Sogar die ehemalige DDR schaffte es unter den erschwerten Bedingungen der staatlichen Planwirtschaft, wirtschaftlich weitgehend autark zu sein.**

Behauptung, Vorurteil:

„Der Globalisierung verdanken wir unser tägliches frisches Obst!"

Richtigstellung:
Wieder einmal wird sinnvoller Welthandel mit Zoll-Freihandel bzw. Globalisierung verwechselt. Schon vor dem 2. Weltkrieg versorgten Bananendampfer Deutschland mit exotischen Früchten. Die extreme Verbilligung der Luftfracht und fortschrittliche Kühlungstechniken haben derweil das Angebot an frischen Nahrungsmitteln vervielfacht.

Mit der Globalisierung oder dem Zollabbau hat diese Veränderung unserer Ess- und Kaufgewohnheiten (die keineswegs immer ökologisch und gesundheitlich sinnvoll und nützlich ist) nur bedingt zu tun. Der technologische Fortschritt war es hauptsächlich, der den Wandel herbeigeführt hat.

Würde die Globalisierung „abgeschafft" durch eine Erhöhung der Einfuhrzölle und den Verzicht auf Transportsubventionen, würde man trotzdem noch überall Kiwis und argentinisches Rindfleisch kaufen können (wir trinken ja auch noch unseren Kaffee trotz hoher Einfuhrzölle).

Allerdings würden sich die Importströme normalisieren und die starke Subventionierung der europäischen Landwirtschaft könnte aufgeweicht werden. Es würden sich dann wieder die Prinzipien einer fairen Marktwirtschaft stärker durchsetzen. Das heißt: Der Import von Nahrungsmitteln würde zurückgehen, während der regionalen Landwirtschaft eine größere Bedeutung zufiele.

Äpfel aus China, Kartoffeln aus künstlich bewässerten Wüstengebieten in Ägypten usw. wird es dann aber vermutlich nicht mehr geben – einfach weil sich wegen höherer Zölle der Import nicht mehr lohnt.

Zölle werden den Welthandel nicht abschaffen!
Schon vor 100 Jahren gab es trotz hoher Zölle und exorbitanter Transportkosten einen regen Welthandel!

Behauptung, Vorurteil:

„Investoren können ihr Geld dort anlegen, wo die höchsten Renditen locken!"

Richtigstellung:

Ja, das stimmt! Doch diese Wahlfreiheit nutzt nur wenigen, sie kommt der Menschheit am Ende teuer zu stehen.

Der Zollabbau führt zur Globalisierung und die wiederum erzwingt eine Liberalisierung und Ausweitung des internationalen Bankensystems und Finanzhandels. Vor dreißig Jahren wäre es zum Beispiel keinem deutschen Kleinanleger eingefallen, in unkontrollierbare und undurchsichtige amerikanische Hypothekenfonds einzusteigen. Und die großen Pensionsfonds und Lebensversicherer hätten sicher auch nicht im großen Stil ausländische Staatsanleihen als Anlagekapital gehortet, bloß weil große US-Ratingagenturen sie als absolut sicher einstuften.

Wohin die Globalisierung der Finanzmärkte letztlich führt, sollten inzwischen auch die letzten Ignoranten begriffen haben. Oder ist die anhaltende Weltwirtschafts- und Finanzkrise noch nicht aussagekräftig genug? Haben manche Leute immer noch nicht verstanden, dass ein globaler Finanzmarkt einfach unkontrollierbar und damit auch unbeherrschbar ist und die Weltwirtschaft deshalb von Spekulationsblase zu Spekulationsblase, von Krise zu Krise taumelt?

Wer jetzt auf neue Regulierungen setzt und damit Hoffnungen sät, handelt verantwortungslos. Denn neue Vorschriften werden einen globalen Finanzmarkt nicht zähmen können. Weil eben in vielen Staaten die Kontrolle ungenügend ist, am Rande der Legalität gearbeitet wird und die allgegenwärtige Profitgier und nationale Egoismen alle frommen Wünsche zunichte machen. Erst eine deutliche Abkühlung der Globalisierung (über höhere Zölle) und eine stärkere Rückbesinnung auf die nationalen Binnenmärkte könnte das entfesselte Finanzgebaren wieder zur Ordnung rufen. Aber zu diesem Schritt sind die auf internationale Zusammenarbeit fixierten Politiker mehrheitlich nicht bereit. (siehe Seite 68)

Behauptung, Vorurteil:

„Uns geht es schlechter, weil es immer mehr Rentner gibt..."

Da hat sich die Globalisierungs- und Freihandelslobby eine feine Ausrede für die negative Lohnentwicklung zurechtgelegt. Denn die demografische Entwicklung, die „Vergreisung" unserer Gesellschaft, ist augenscheinlich. Und Rentner kosten nun einmal Geld, das leuchtet ein.

Trotzdem ist dieses abgenutzte Argument nicht stichhaltig. Denn die Veränderung der Altersstruktur vollzieht sich bereits seit 150 Jahren! Und trotz dieser steten Lebenszeitverlängerung gab es vor der Globalisierung (vor dem Zollabbau) einen atemberaubenden Wohlstandsanstieg – eben weil die Kräfte des technischen Fortschritts (der steigenden Produktivität) alles abfingen und viel gewichtiger waren als die steigenden Ausgaben für die Rentner.

Außerdem: Die hohe Zahl der Rentner in Deutschland (ca. 20 Millionen) erklärt sich zum Teil aus der Frühverrentung wegen fehlender Arbeitsplätze (als Folge des Zollabbaus).

Und: Mehr noch als die inflationsbereinigten Reallöhne sind die Nettorenten in den beiden letzten Jahrzehnten gesunken – weil unsere lieben Volksvertreter sich immer wieder neue Kürzungsformeln einfallen ließen, um ja nicht die Versicherungsbeiträge erhöhen zu müssen. Rentner müssen zudem heute das überflüssige, teure Riesterrentensystem finanzieren und auch noch Krankenkassenbeiträge entrichten.

Auch die viel bemühte Ausrede, die Kosten der Wiedervereinigung hätten unseren Wohlstand stark belastet, trifft es nicht. Denn die Aufbauleistung des in Trümmern liegenden Deutschlands nach 1945 war eine weit größere Aufgabe. Nicht einmal diese extreme Belastung hat den rasanten Wohlstandsanstieg in den 1950er, 1960er und 1970er Jahren ausgebremst.

Davon einmal ganz abgesehen: Selbst in den USA, die keine Wiedervereingung zu schultern hatten und keine demografischen Probleme kennen, sinken seit dem Siegeszug der Freihandelsideologie Ende der 1970er Jahre die realen Lohneinkommen und Renten.

Behauptung, Vorurteil:

„Es wird zu wenig umverteilt!"

Richtigstellung:
Nicht wenige Zeitgenossen sehen die mangelhafte Umverteilung als Ursache für die seit 30 Jahren sinkenden Reallöhne. „Die Reichen werden reicher" sagen sie. Dies stimmt zwar, hat mit einer mangelhaften Umverteilung aber wenig zu schaffen. Denn schon heute liegt die Abgabenlast vieler Besserverdiener weit oberhalb der 50-Prozent-Marke. Nur über Kunstgriffe gaukelt man den Bürgern vor, dass diese 50-Prozent-Marke nicht überschritten wird. So werden zum Beispiel die Arbeitgeberanteile zu den Sozialversicherungen vom eigentlichen Bruttolohn ausgeklammert und bleiben unberücksichtigt – obwohl sie doch eindeutig Bestandteil der Lohnkosten sind. Würde man die Arbeitgeberanteile ehrlich anrechnen, hätten viele Leistungsträger längst über 60 % Abzüge.

Umverteilt wird wahrlich genug!
Inzwischen geht es vielen Hartz-IV-Familien besser als entsprechenden Gering-, Normal- und sogar Doppelverdiener-Haushalten. Aber umverteilt wird ja nicht nur innerhalb Deutschlands, sondern immer mehr auch innerhalb Europas. Selbst Spitzenpolitiker klagen, wie sehr sich doch die EU zur Transferunion gewandelt hat. So fällt es auch kaum weiter auf, dass inzwischen sogar Ärzte, Apotheker oder Wissenschaftler real 20 bis 50 Prozent weniger verdienen als 1980.

Nicht den Besserverdienern, sondern vor allem manchen Topmanagern und Superreichen (also höchstens 1 % der deutschen Bevölkerung) geht es heute besser als vor 30 Jahren. Und das ist die Folge des globalen Dumpingwettbewerbs, der erst durch den Zollabbau ermöglicht wurde.

Die Globalisierung bereitet den Reichen und Spekulanten die perfekte Spielwiese für ihr „befreites" Kapital. Und die Großabsahner (und Konzerne) sind nicht zu fassen – sie können dank Deregulierung und Liberalisierung stets dorthin wandern, wo die geringsten Steuern anfallen. Ganz legal, denn man kann diese Leute schließlich nicht einsperren.

Warum tut sich die Politik so schwer, dies öffentlich einzu-

gestehen? Doch nur, weil damit ihre verlogene Wohlstands-
propaganda unglaubwürdig würde („Der EU, dem Euro und
der Globalisierung verdanken wir unseren Wohlstand!").

„Umverteilung von unten nach oben!"
Manch entrückte linke Politiker und Journalisten wollen dem
Wahlvolk gar einreden, in Deutschland werde von unten nach
oben umverteilt. Solche Behauptungen sind infam, denn Erwerbslose und Geringverdiener zahlen so gut wie keine Steuern und „verteilen" somit auch nichts.

Absurd ist in diesem Zusammenhang auch der Verweis auf
die Mehrwertsteuer, die schließlich alle Bürger beim Kauf von
Waren und Dienstleistungen entrichten müssen. Es gehört
schon eine große Portion Unverfrorenheit und Geschmacklo-
sigkeit dazu, Hartz-IV-Bezieher aus diesem Grund als gebeu-
telte Steuerzahler darzustellen. Denn die Mehrwertsteuern
wurden schließlich bei den staatlichen Sozialhilfen berücksichtigt (die Zahlungen entsprechend aufgestockt). Man könnte theoretisch auch die Sozialhilfen um die eingepreiste Mehrwertsteuer kürzen und dann die Hartz-IV-Bezieher von der
Mehrwertsteuer befreien. Der bürokratische Aufwand für dieses Prozedere wäre aber viel zu hoch.

PS: Was meistens unbeachtet bleibt: Besserverdiener werden
nicht nur mit horrend hohen Abgaben bestraft, sie werden
fortwährend benachteiligt und als Melkkuh der Nation verstanden. Zum Beispiel bezüglich der Unterstützung Angehöri-
ger (wenn Eltern zum teuren Pflegefall werden), bei der Nicht-
gewährung sozialer Wohltaten, bei der Versteuerung von Zins-
einkünften aus bereits versteuertem Einkommen (obwohl die
Zinsen nicht einmal die Inflationsrate abdecken). Zählt man
alles zusammen, so stehen sich manche sogenannte Besserverdiener heute kaum besser als Normalverdiener oder Hartz-
IV-Familien (die de facto über eine sorgenfreie staatliche Voll-
kasko-Absicherung verfügen). Eine Beispielrechnung finden
Sie in meinem Buch „DAS KAPITAL und der Sozialstaat".

Und was die Superreichen betrifft: Selbst diese Leute werden natürlich nicht generell reicher, sondern eben nur diejenigen, die mit Glück und Geschick aufs richtige Pferd setzen,
besonders geschäftstüchtig sind oder aber mit kriminellen
Machenschaften ihrem Glück ein wenig nachhelfen.

„Reife Volkswirtschaften können kaum noch wachsen!"

Gibt es wirklich die viel beschworene Marktsättigung? Auch hierbei wird wieder einmal mit einer Halbwahrheit Politik gemacht bzw. der Wähler getäuscht. „Eine reife Volkswirtschaft wie die unsrige könne große Wachstumsraten gar nicht mehr hervorbringen", so die Behauptung.

Sicher, Anstiege wie sie einige asiatische Tigerstaaten in ihren besten Zeiten vorweisen konnten, sind auf Dauer nicht möglich. Aber ein durchschnittliches dreiprozentiges echtes Wirtschafts- und Wohlstandswachstum sollte auch für Deutschland keine Hürde sein (die revolutionäre Computertechnologie hätte in den letzten beiden Jahrzehnten noch mehr bringen müssen).

Dass diese Wachstumsraten nicht mehr erreicht werden und man sich mit sinkenden Reallöhnen und Renten so einfach abfindet, ist schier unglaublich! Diese krasse Fehlentwicklung auch noch zu leugnen oder mit verharmlosenden Äußerungen zu bemänteln, ist skandalös!

Manche Ökonomen argumentieren besonders dreist, indem sie behaupten, unser Wirtschaftswunder nach dem zweiten Weltkrieg war kein Kunststück, schließlich musste damals alles neu aufgebaut werden. Wer Krieg und Zerstörung als Grundlage für ein ansehnliches Wirtschaftswachstum ansieht, sollte seine perversen Ansichten lieber für sich behalten. Nebenbei bemerkt: Diese Logik ist auch noch inkonsequent. Wäre etwas Wahres an dieser Aufbautheorie, hätte es in den neuen Bundesländern seit 1990 einen beispiellosen selbsttragenden Aufschwung geben müssen.

Die wahren Ursachen für die Misere werden also auch bei diesem Scheinargument vernebelt. Neuerliches Fazit: **Eine Volkswirtschaft ohne einen intakten Binnenmarkt kann nicht gedeihen!** Dumpingimporte wirken wie ein Krebsgeschwür, sie zerstören langfristig selbst die fortschrittlichste Industrienation.

Behauptung, Vorurteil:

„Die steigende Produktivität ist Schuld an der Massenarbeitslosigkeit!"

Richtigstellung:
Höhere Produktivität bedeutet mehr Wohlstand. Der technische Fortschritt beschert uns einen Lebensstandard, der vor 200 Jahren noch schier undenkbar schien. Seit der Frühindustrialisierung gibt es aber auch „Maschinenstürmer", die den Schwund des Arbeitsaufwandes beklagen. Doch wie die Vergangenheit lehrt, hat die zunehmende Automatisierung wenig bis nichts mit der Massenarbeitslosigkeit zu schaffen.

Denn im Gleichschritt mit der Produktivität wachsen auch neue Begierden und Ansprüche. Welcher Normalbürger hat vor 30 Jahren schon von Handys, Computern, Navigationsgeräten und riesigen Flachbildschirmen geträumt? Wer konnte sich vor 50 Jahren ein teures Auto, Fernreisen oder eine große Wohnung leisten? Erst wenn die Wünsche der Bevölkerung flächendeckend gedeckt sind, könnte man von einer Marktsättigung sprechen (bis dahin ist es aber noch ein weiter Weg).

In einem intakten, durch Zölle geschützten Binnenmarkt wäre aber auch das kein Problem: Man bräuchte dann nur im Einklang mit dem Produktivitätswachstum die allgemeine Arbeitszeit verkürzen.

Den entscheidenden Grundsatzfragen wird immer wieder ausgewichen!

Die Grundsatzfragen lauten:

1. Warum sinken seit gut 30 Jahren in den alten Industriestaaten die Reallöhne,
   wo sich doch die Produktivität verdoppelt hat?

2. Warum gibt es trotz aller Bemühungen (Bildungsoffensiven, Investitions- und Förderprogrammen), immer mehr Arbeitslose, Minijobber, Leiharbeiter?

„Die Banken sind Schuld!"

Seit sechs Jahren lebt die Welt auf einem Pulverfass und vielen Politikern fällt nichts Besseres ein, als die Hauptschuld bei den Geschäftsbanken zu suchen. Sie waren es, so lautet der Vorwurf, die den Hals nicht voll kriegen konnten und in ihrer grenzenlosen Gier sich immer neue (kaum noch durchschaubare) Finanzmodelle ausheckten. Sie sollen nun bluten, für die Schäden selbst aufkommen, damit nicht wieder alles beim Steuerzahler hängenbleibt.

Sicher, niemand kann bestreiten, dass das globale Bankensystem versagt hat und uns bis heute nicht zur Ruhe kommen lässt. Aber wie kam es dazu, warum sind die Banken zunehmend riskante Geschäfte eingegangen? <u>Die maßgeblichen Politiker waren es doch, die diese Entwicklung hervorgerufen haben</u> durch die völlige Liberalisierung der Finanzmärkte. Sie haben dem Drängen der Kapitallobby nachgegeben und wieder einmal deren Ratschlägen vertraut, obwohl sie selbst von der Materie offensichtlich kaum etwas verstanden.

Auch die Banken stehen unter stetem Erfolgsdruck!
Um den durch den Zollabbau eingeleiteten Globalisierungsprozess überleben zu können, mussten die führenden Banken international mitmischen. Sie mussten sich dem globalen Wettbewerb stellen und attraktive Dividenden erwirtschaften, die Aktionäre bei Laune hielten. Gute Renditen ließen sich mit dem herkömmlichen Bankgeschäft aber kaum erzielen. Es wurden daher große Investmentabteilungen aufgebaut, um auch im lukrativen Bereich präsent zu sein.

Und diese Investments wurden von Jahr zu Jahr spekulativer, weil <u>westliche Regierungen glaubten, im Namen der Freizügigkeit alles erlauben zu müssen</u>. Warum muss es zum Beispiel gestattet sein, Kredite (Hypotheken) an andere Institute weiterzureichen? Was soll der Unsinn? Und warum musste die Regierung Schröder den Konzernen Steuerfreiheit bei den Veräußerungsgewinnen aus Aktien gewähren? Wäre von 1998-2005 nicht Gerhard Schröder sondern Oskar Lafontaine Bundeskanzler gewesen, wäre (gerade was die Liberalisierung der Finanzmärkte betrifft) vieles anders gelaufen. Es gab also auch für nationale Regierungen durchaus Handlungsspielraum.

Nach diesen und anderen „Befreiungsschlägen" waren die Banken mehr und mehr Getriebene. Wer beim internationalen Konzert nicht mitspielte, verlor den Anschluss. Aktien einer Bank, die im Gegensatz zur Konkurrenz kaum Gewinne abwarfen, wollte niemand. Also wurde das Schwergewicht vieler Banken mehr und mehr auf Investments gelenkt – auch weil man Risiken falsch einschätzte und den guten Benotungen der drei großen US-Ratingagenturen vertraute.

Jeder Kredit birgt ein Risiko!
In vielen EU-Staaten klagen heute Firmen und Regierungen über die Zurückhaltung der Geschäftsbanken bei der Kreditvergabe. „Dadurch werde der Aufschwung verhindert", heißt es vorwurfsvoll. Aber was passiert mit Banken, wenn derlei Kredite später reihenweise platzen, weil halt die Konjunktur doch nicht angesprungen ist?

Konnten die spanischen Banken die Weltwirtschaftskrise und den Zusammenbruch ihres heimischen Immobilienmarktes vorhersehen? Konnten andere Großbanken ahnen, dass selbst europäische Staatsanleihen keineswegs sicher sind?

Die Banken sollen haften!
„Erst streichen die Banken hohe Gewinne ein und dann soll der Steuerzahler sie retten!" Derart undifferenziert wird das Volk aufgewühlt. Aber was ist dran an solchen populistischen Aufwiegelungen? Haben nicht die Besitzer der Banken (also deren Aktionäre) schon immer den Kopf hinhalten müssen? Wer seit Anfang dieses Jahrtausends Aktionär der Commerzbank oder Dresdner Bank war, hat bis heute über 90 % seiner Einlage eingebüßt! Bei vielen anderen europäischen Banken lief es kaum besser. Selbst die Aktionäre der Deutschen Bank kamen nicht ungeschoren davon (seit 1. 1. 2000 über 50 % Wertverlust). Dabei wird in der Öffentlichkeit immer wieder ein falsches Bild gezeichnet und genussvoll Josef Ackermann (langjähriger Chef der Deutschen Bank) zitiert, der einmal gedankenlos und großkotzig von einer angestrebten 25prozentigen Rendite gesprochen hat.

Richtig profitiert von der Liberalisierung der Finanzmärkte haben nicht die Banken und ihre Aktionäre, sondern vor allem Spekulanten, Global Player, Konzerne, Häuslebauer (über billige Hypotheken), manche Bankvorstände, Anlageberater und Daytrader. Viele dieser Nutznießer sind weltweit aufgestellt und nicht mehr an einen Nationalstaat gebunden – auch im Hinblick auf die Steuergestaltung.

Wer haftet für die falsche Politik?

Griechenland musste mit einem Schuldenerlass von 100 Milliarden Euro gerettet werden. Die maßgeblichen EU-Politiker verfügten einfach, dass Banken und Gläubiger einen Großteil ihrer griechischen Staatsanleihen abzuschreiben hätten. Die EU und der Euro (nicht die Banken) sollten um jeden Preis gerettet werden. Aber ist das Auseinanderbrechen von EU und Euro überhaupt noch aufzuhalten? Inzwischen ist für Griechenland bereits ein neuerlicher Schuldenschnitt im Gespräch. Und anderen Staaten und Kommunen geht es nicht viel besser. Amerikas ehemalige Autometropole Detroit meldete im Juli 2013 Konkurs an. Auch deutsche Banken sind involviert. Wie soll das weitergehen?

Einerseits erwartet man von den Geldhäusern, dass sie die Wirtschaft, Staaten und Kommunen mit genügend Krediten versorgen. Doch wenn dann etwas schiefgeht (weil unablässig der globale Dumpingwettbewerb tobt) heißt es, „Wie konntet ihr nur so leichtsinnig sein, wie konntet ihr solche Kredite vergeben!". Das ist doch mehr als scheinheilig!

Ruinöser Zinswettbewerb!

Seit Jahren werden in Deutschland Hypotheken zwischen 1,5 bis 3,0 Prozent angeboten. Es versteht sich von selbst, dass dieser Billigzins niemals kostendeckend sein kann und Ausfallrisiken kaum berücksichtigt. Normalerweise müsste der Zinssatz heute bei etwa sechs Prozent liegen. Aber der internationale Konkurrenzkampf lässt ein solches Niveau nicht zu. Wann bricht dieses System zusammen? Und haben schon wieder die Banken Schuld? Vernünftig kalkulierte Hypotheken wären heute aber nicht mehr an den Mann zu bringen.

Was hat sich geändert?

So gut wie nichts. Immer noch dürfen Kredite weitergereicht werden, Zentralbanken eine Billiggeldschwemme hervorrufen, Schattenbanken und Hedgefonds die Finanzwelt aufmischen. Gäbe es vernünftige Zollgrenzen, könnte jeder souveräne Staat all das im Alleingang abschaffen und verbieten.

Wege aus der Krise?

„Aber die Fehler des Freihandels lassen sich doch beheben!"

Noch immer glauben gestandene Politiker, der Zollabbau, die Globalisierung und die EU seien unschuldig am europäischen Niedergang. Zwar können auch die geschicktesten Demagogen und Wortverdreher nicht mehr vernebeln, dass etwas grundsätzlich schief läuft. Aber es gelingt ihnen immer noch, von den eigentlichen Systemfehlern abzulenken und ihrem Volk vorzugaukeln, mit einigen Reförmchen, Rettungsschirmen, Eurobonds und weiteren „Anstrengungen" alles wieder in den Griff zu bekommen.

Bildungsrepublik Deutschland?

Die meisten Hoffnungen werden nach wie vor in die Bildung und Forschung gesetzt. Hier müsse unser Land mehr tun, noch mehr investieren. Doch wie weit will man dieses Ritual auf die Spitze treiben? Meint man wirklich, jeder Bundesbürger brauche ein Abitur oder Studium? Sind wir tatsächlich das auserwählte Volk, die Herrenrasse?

Werden die vielen Akademiker überhaupt benötigt?

Schon heute fühlen sich viele Schüler und Studenten maßlos überfordert. Nicht wenige verfallen in Depressionen, mancher begeht in seiner Verzweiflung gar Selbstmord oder läuft Amok. Warum diese permanente Überforderung, warum bereits die Kindheit und Jugend zur Qual machen, wo doch der technologische Fortschritt eigentlich unser aller Leben erleichtern und die Lebensqualität verbessern soll?

Wir geben immer mehr Geld für die Bildung aus und trotzdem sinken die Arbeitseinkommen! In manchen südeuropäischen Staaten ist die Bildungsperversion noch offensichtlicher – trotz aller bildungspolitischer Kraftanstrengungen sind dort über ein Drittel der jungen Leute arbeitslos. Aber auch in Deutschland redet man schon lange von der Generation Praktikum. Zeigt der allgegenwärtige Bildungswahn nicht schon längst inflationäre Züge. Muss der normalbegabte Mensch 15 bis 20 Jahre in seine Schul- und Ausbildung stecken und mehrere Sprachen beherrschen, bloß um einen der raren unbefristeten Vollzeitjobs als Handwerker, Verkäufer, Telefonist oder Altenpfleger zu ergattern?

Brauchen wir die „Transatlantische Freihandelszone"?
Um die fatalen Folgen der Globalisierung abzufedern, wurden viele Ideen ins Gespräch gebracht. So fordert man zum Beispiel eine Transatlantische Freihandelszone, die Europa mit Nordamerika wirtschaftlich vereint. Doch würde ein solches Bündnis wirklich nützen? Oder wird mit diesem Vorschlag wieder einmal nur von den eigentlichen Systemfehlern abgelenkt und der globale Lohndumpingwettbewerb noch weiter angeheizt? Eine Freihandelszone wirkt nach außen abschottend und benachteiligt den Rest der Welt. Eine Freihandelszone ist also purer Protektionismus, den man doch ansonsten rigoros ablehnt.

**Konnte die Agenda 2010
wirklich Arbeitsplätze schaffen!**
Ungeachtet aller Hiobsbotschaften wird die Agenda 2010 immer noch von der Politik und den Medien als großer Erfolg gefeiert. Doch wie blind muss man sein um nicht sehen zu können, dass der Scheinerfolg in der deutschen Arbeitslosenstatistik andere Ursachen hat? Allein fünf Millionen Minijobber sehnen sich nach einem fair bezahlten, sozialversicherungspflichtigen Arbeitsplatz! Aber diese werden immer seltener, weil normale Vollzeitjobs aus Kostengründen in 450-Euro-Jobs, Leiharbeit, Praktika usw. umgewandelt werden.

„Europa muss stärker zusammenwachsen!"
Auch diesen Schwachsinn will man den Europäern schon seit Jahrzehnten einreden. Doch obwohl die EU-Institutionen den Nationalstaaten kontinuierlich Rechte genommen und ihren eigenen Machtanspruch ausgebaut haben, versinkt der Kontinent zunehmend im Chaos. Das nächste Ziel soll die politische Union sein (die Vereinigten Staaten von Europa). Doch wer will dies? Außer einigen unverbesserlichen Träumern oder EU-Fanatikern in Deutschland kaum jemand! Der Nationalstolz ist in den meisten Ländern ungebrochen. Viele europäische Völker sehen die deutschen Hegemoniebestrebungen dann auch mehr als Bedrohung und nicht als Erlösung.

Sind Zölle und indirekte Steuern Teufelswerk?

Die Psychologie der Massen

Schon seit je gilt in der Demokratie der Grundsatz, man dürfe den Bürger geistig nicht überfordern. Die volkswirtschaftlichen Vorgänge seien einfach zu komplex, als dass ein Laie sie ohne große Vorkenntnisse deuten und verstehen könne. Auch wenn heute viele Politiker und Publizisten scheinheilig fordern, man müsse den Bürger mitnehmen und ihm die wichtigsten Zusammenhänge erklären, setzt man in der Praxis doch lieber auf dumpfe Propagandaparolen als auf eine sachliche Aufklärung. So täuscht man geschickt Erfolge vor, wo keine sind und wiederholt routinemäßig die bekannten Beschwichtigungsformeln. Statt den innereuropäischen und globalen Lohndumpingwettbewerb abzubauen, werden Globalisierung, EU, Euro als unabdingbar und wohlstandsfördernd verkauft.

Tradition verpflichtet?

Noch immer klammern sich führende Sozialpolitiker in entscheidenden Grundsatzfragen krampfhaft an alte Vorurteile. So gelten zum Beispiel Konsumsteuern (Mehrwertsteuern) und Zölle nach wir vor als unsozial, weil sie angeblich die Kaufkraft der breiten Masse schmälern.

Als Beweise gelten die Erfolge, die man in der Kaiserzeit mit der Abschaffung der Konsumsteuer in einigen Kommunen erzielt hatte. Die betroffenen Grundnahrungsmittel hatten sich damals tatsächlich entsprechend der Steuersenkung verbilligt. Kompensiert wurden die Steuerausfälle über eine Anhebung der direkten Einkommensteuern.

Doch was damals funktionierte greift heute nicht mehr, weil sich die Verhältnisse völlig verkehrt haben. Im Gegensatz zu früher wird heute der durchschnittliche Arbeitslohn mit über 50 % staatlichen Abgaben belastet. <u>Die Mehrwertsteuer dient dazu, diese Abgabenquote im Zaum zu halten.</u>

Eine Mehrwertsteuererhöhung würde eine Umfinanzierung der Sozialkassen ermöglichen, also die Absenkung der an den Lohn gekoppelten Beiträge erlauben und somit die Konkurrenzfähigkeit der eigenen Volkswirtschaft stärken.

Anders als im Kaiserreich führt eine Erhöhung der Mehrwertsteuer (Lohnkostenreform) also heute nicht mehr zur allgemeinen Verteuerung der Konsumartikel, sondern zu einer gerechteren Lastenverteilung: Sie verbilligt die einheimische Herstellung und baut im Gegenzug die Importsubventionen ein wenig ab. Auch das Ungleichgewicht zwischen Arbeit und Kapital verringert sich (Arbeit wird fiskalisch weniger abgestraft, Investitionen weniger subventioniert).

Wer nun meint, man könne doch nach dem damaligen Vorbild lustig weiter an der Steuerschraube im oberen Einkommensbereich drehen, der verkennt die heutigen Gegebenheiten:
1. Dass es einen internationalen Steuerwettbewerb gibt und man die Eliten und Vermögenden nicht mit Gewalt im Lande halten kann.
2. Dass sich die Abgabenquote der Besser- und Großverdiener seit Beginn des 20. Jahrhunderts bereits vervielfacht hat.
3. Der Leistungswille mit jeder Einkommensteuererhöhung geschwächt wird. Warum sich mit einem langen und teuren Studium plagen, unangenehme Führungsaufgaben übernehmen und hohe Verantwortungen tragen, wenn unterm Strich außer unbezahlten Überstunden kaum etwas herauskommt?

Klassenkampf und ideologische Verbohrtheit
Aber welcher Volksvertreter macht sich über volkswirtschaftliche Vorgänge heute noch eigene Gedanken? Ein Abgeordneter ist mit den routinemäßigen Alltagsaufgaben und der Aufarbeitung spezieller Anliegen aus seinem Wahlkreis voll ausgelastet. Für eigene Gedanken und Überlegungen bezüglich den Grundsätzen der Wirtschaftspolitik bleibt da kaum noch Zeit. Im Bundestag gibt es zwar viele gute Redner, aber es mangelt an echten Wirtschaftsexperten und es fehlen die großen Denker. Der Abgeordnete verlässt sich in der Regel auf ungeprüfte Expertisen, Statistiken und die Vorgaben seiner Partei, wobei der professionelle Lobbyismus zunehmend an Bedeutung gewinnt.
    Bei dieser Gemengelage scheint es fast unmöglich, alte Vorurteile und überholte Dogmen zu erkennen und abzubauen. So müssen wir leider davon ausgehen, dass höhere Mehrwertsteuern und Zölle weiterhin zu Unrecht als unsozial und wirtschaftshemmend verteufelt werden.

Das Scheitern
der EU-Freihandelszone

Wie lange will man die EU noch als Erfolgsmodell verkaufen? In Südeuropa wird überdeutlich, was eine inhomogene Freihandelszone alles anrichten kann. Es sind ja nicht nur der Euro und eigene Versäumnisse, die Spanien, Griechenland, Portugal und Zypern ins Chaos gestürzt haben und mittlerweile auch Italien und Frankreich bedrohen. Schuld an der sich zuspitzenden Katastrophe trägt ursprünglich die Zollfreiheit – vor allem, seitdem mit der Osterweiterung Staaten mit extrem niedrigem Lohnniveau in die Gemeinschaft aufgenommen wurden. Dieses innereuropäische Lohndumping können nur sehr starke Volkswirtschaften einigermaßen verkraften.

Was müsste geschehen, um den südeuropäischen Staaten wieder auf die Beine zu helfen?
Würde man völlig neutral und ideologiefrei an die Sache herangehen, müssten folgende 4 Punkte umgesetzt werden:

1. Errichtung von Zollgrenzen innerhalb der EU!
Um die Importschwemme zu stoppen und die heimische Produktion zu stärken!

2. Rückkehr zur eigenen nationalen Währung!
Die sich der Wirtschaftsstärke des Landes anpasst und eine selbständige Fiskal- und Zinspolitik zulässt.

3. Unabhängigkeit von der EU-Regulierungsflut!
Eine politische Freiheit, die die EU-Vormundschaft beendet!

4. Die Solidarität der EU-Gemeinschaft!
Die eine Sanierung der Banken und Staatsfinanzen erlaubt.

Dieses 4-Punkte-Programm würde seine Wirkung sicher nicht verfehlen. Aber es ist leider unvorstellbar, dass sich ein solcher Pragmatismus gegenüber der allmächtigen EU-Lobby durchsetzen kann. Das Scheitern der europäischen Idee und vor allem der europäischen Freihandelszone wird kein Spitzenpolitiker eingestehen wollen. Und deshalb wird man noch Billionensummen verschwenden, um die alte EU zu retten (was aber letztlich kaum gelingen kann).

Ceta und TTIP

Muss die Welt in Freihandelszonen aufgeteilt werden?

In unserer Demokratie haben wir uns an eines gewöhnt: Die Regierung beschließt und die gesamte Volkswirtschaft hat den neuen Gesetzen zu folgen. Dabei spielt der Bürgerwille oft keine wesentliche Rolle.

Auch die Bestrebungen um die Errichtung eines Freihandelsabkommen zwischen der EU und den USA (TTIP) sind wenig geeignet, um Vertrauen in die Politik zurückzugewinnen. Wieder einmal bleibt Volkes Wille ungeachtet. Die Angst in der Bevölkerung vor genmanipulierten Lebensmitteln und Investorenschutzklagen wird beschwichtigt und den EU-Bürgern eingeredet, TTIP brächte unterm Strich große Vorteile.

Doch nunmehr steht Ceta, das Freihandelsabkommen zwischen Kanada und der EU, vor der Paraphierung und somit endet auch die Geheimniskrämerei um dessen Inhalte.

Kritische Experten finden nunmehr ihre Befürchtungen voll bestätigt. Sie sehen durch Ceta teure Investitionsschutzklagen auf den Staat zurollen. Bei jedem neuen Gesetz müssen die beteiligten Staaten künftig penibel darauf achten, die Altinvestitionen der Global Player zu schützen.

Dadurch wird es noch schwieriger, auf allgemeine Veränderungen oder neue Erkenntnisse und Herausforderungen zu reagieren. Als Beispiel für derlei Schadenersatzforderungen sei an den Ausstieg aus der Atomenergie erinnert: Vattenfall hat Deutschland auf Schadenersatz verklagt – es geht allein in diesem einen Streitfall um 4,6 Milliarden Euro.

Mit jedem neuen Freihandelsabkommen beschränken die beteiligten Länder ihre Handlungsfreiheit. Der Gesetzestext des jetzt zur Ratifizierung stehenden kanadisch-europäischen Abkommens unfasst ca. 1500 Seiten. Damit wird das Wirtschaftsrecht noch komplexer, zumal das Abkommen mit anderen nationalen und europäischen Bestimmungen verflochten ist. Welcher abstimmungsberechtigte Bundestagsabgeordnete wird das komplexe Abkommen überhaupt durchlesen? Welcher Jurist kann da noch durchsteigen? Der Rechtsinterpretation sind Tür und Tor geöffnet.

Ceta gilt als Blaupause bei den Verhandlungen mit den USA. Abermals werden Bürgerproteste abgewiegelt und ein Ergebnis versprochen, das „die europäischen Interessen fördert und unseren Wohlstand mehrt". Doch kann das sich aus dem Abkommen ergebende Wirtschaftswachstum überhaupt seriös berechnet werden? Ich halte derlei Prognosen für die reinste Scharlatanerie, zumal der gesunde Menschenverstand keine wesentlichen Vorteile erkennen lässt (sondern hauptsächlich gravierende Nachteile).

Zu befürchten ist daher, dass entgegen aller Vorankündigungen auch im Vertragswerk TTIP wieder brisante Investitionsschutzklauseln auftauchen. Und wieder wird es heißen, „angesichts des großen europäischen Gesamtinteresses sei dieses kleine Zugeständnis unumgänglich gewesen".

Der Abbau von Handelshemmnissen
Bei den anstehenden Freihandelsabkommen wird immer wieder suggeriert, es gehe vorrangig um den Abbau von Handelsschranken und die Einigung auf Standardnormen. Es sei doch zum Beispiel unrentabel, für jedes Medikament und jedes Produkt in den verschiedenen Staaten immer wieder eine erneute Zulassung erkämpfen zu müssen.

Ich frage mich nur, wozu man zum Abbau überflüssiger Bürokratie bilaterale oder internationale Abkommen benötigt. Ein souveräner Staat kann doch von sich aus beschließen, in den USA zugelassene Medikamente ohne Zusatzprüfung für den deutschen Markt freizugeben. Ohne Abkommen darf der Staat ein solches Gesetz auch schnell wieder einkassieren, sollte es sich nicht bewähren. Und wirklich eindeutig nützliche Normierungen könnten seperat ausgehandelt werden, dafür bedarf es keiner gigantischen Freihandelsabkommen.

Wie überbrückt man die fundamentalen Unterschiede?

Beispiel Lebensmittel: In der EU muss deren Unbedenklichkeit nachgewiesen werden. In den USA aber gilt alles als ungefährlich, solange nicht das Gegenteil bewiesen ist.

Beispiel Kosmetika: In der EU dürfen über 1300 Chemikalien für die Kosmetikherstellung nicht verwendet werden.
In den USA gibt es lediglich 11 verbotene Substanzen.

China, die neue Supermacht?

Das China in den nächsten Jahrzehnten die USA als Super-
macht vom Platz 1 verdrängen wird, erwartet eigentlich jeder. Die Frage ist nur, wann wird es soweit sein und welche
Folgen wird es haben?

Wann erfolgt die Ablösung?
Wirtschaftlich gesehen ist die Wachablösung längst vollzogen. China produziert bereits weit mehr Güter und Dienstleistungen, als die noch amtierende Großmacht USA. Dass dies
noch nicht so recht begriffen und eingestanden wird, liegt
lediglich an den falschen Wechselkursen (der chinesische Yuan
ist völlig unterbewertet).

Im Klartext: Wenn in China ein neuer Wolkenkratzer hoch-
gezogen wird, ist er auf dem Papier (selbst wenn der Klotz
absolut baugleich wäre) viel weniger wert als in den USA.
Diese krasse Unterbewertung erfasst sämtliche Bereiche.
Selbst ein einfacher Haarschnitt fließt in den USA zu einem
vielfachen Preis in das Bruttosozialprodukt ein.

Bleibt den USA also schon heute nur noch ihre militärische Überlegenheit. Aber militärische Macht ist in unserer
modernen Zeit eigentlich nur Folge einer wirtschaftlichen
Stärke. Und wirtschaftlich geht es in den USA bergab, genau
wie in den anderen alten Industrienationen.

Von der Supermacht in die Abhängigkeit
Die USA sind ein gutes Beispiel für den immer wieder in der
Geschichte vorzufindenden Untergang großer Kulturen. Eine
starke industrielle und finanzielle Basis gibt es nicht mehr –
stattdessen steigt die Abhängigkeit von ausländischen Geld-
gebern, Produzenten und Spekulanten. Mit auf Pump finanzierten Konjunkturprogrammen und waghalsiger Billigzins-
strategie wird versucht, die Wirtschaft wieder flott zu bekommen. Aber die Voraussetzungen dafür sind nicht gegeben –
weil die ausländische Billigkonkurrenz übermächtig ist.

Der Freihandel (Zollverzicht) besiegelt den Niedergang!
Irgendwann wird es auch der USA-Regierung dämmern, dass
ohne ausgleichende Importsteuern das Schicksal der USA

(und der übrigen westlichen Welt) besiegelt ist. Denn es findet sich nun einmal keine Mittel, bestehende ökonomische Naturgesetze auszuschalten.

Ohne Zollgrenzen kann kein Hochlohnland den gnadenlosen Verdrängungswettbewerb überleben. Wer diese Logik leugnet, wird sich und sein Volk in den Abgrund führen. Das globale Dumpingsystem lässt sich nicht mit Appellen und Sonntagsreden ausschalten, sondern eben nur mit Taten (zum Beispiel mit Zollanhebungen oder höheren Konsumsteuern).

Wird China eine bessere Supermacht?

Für China spricht, dass es im Gegensatz zu den USA in den letzten Jahrhunderten keine großen Kriege geführt hat, sich nicht als Weltpolizei aufspielte und sich auch selten irgendwo einmischte. (Hätten sich die USA zum Beispiel aus dem Ersten Weltkrieg herausgehalten, wäre es zu einem Zweiten Weltkrieg wahrscheinlich nie gekommen).

Gleichwohl aber wird China von einem autoritären Regime geführt, was bei allen Demokraten grundsätzlich ein Unbehagen auslöst (was geschieht, wenn in einem solchen System ein ideologisch verblendeter Diktator (wie Hitler) an die Macht kommt?

Wirtschaftlich wird China die Fehler des Westens nicht wiederholen: Sie werden nicht auf den totalen Freihandel bauen und sich somit der Gefahr widersetzen, von ausländischer Billigkonkurrenz überrollt zu werden. Den ausgelaugten Industriestaaten des Westens wird es schwer fallen, wieder zu erstarken, zumal viele sich durch ein überzogenes Umverteilungssystem von den kapitalistischen Grundtugenden (Leistung und Marktwirtschaft) weit entfernt haben.

Wenn nicht bald umgelenkt wird, ist es zu spät ...

Die meisten Industriebranchen in den westlichen Ländern sind bereits vollständig verschwunden (ausgerottet durch den fast zollfreien globalen Dumpingwettbewerb). Sollten die westlichen Regierungen sich nicht bald besinnen und den großen Nutzen eines Zollsystems wiederentdecken, ist der weitere Absturz kaum mehr aufzuhalten. Die offene und verdeckte Massenarbeitslosigkeit wird weiter um sich greifen, das Reallohnniveau weiter absinken – und somit wird der Sozialstaat schließlich unfinanzierbar.

Kapitel V

Warum setzt sich die Vernunft so selten durch?

Das sture Festhalten an alten Dogmen
und der immense Einfluss der Lobbyisten
blockieren das eigenständige Denken.

Warum verteidigt die Politik das globale Dumpingsystem?

Etwa seit 1980 befindet sich auch Deutschland durch den Abbau von Zöllen in einem gnadenlosen globalen Wettbewerb. Seit dieser Zeit sinken trotz wachsender Produktivität die realen (inflationsbereinigten) Nettolöhne in Deutschland, weil das globale Lohn-, Sozial-, Öko- und Steuerdumping nun einmal eine Wohlstandsmehrung nicht zulässt. Warum aber reagieren die Politiker nicht darauf, warum wird der eigentlichen Ursache für das absurde Paradoxon (Kaufkraftverlust bei steigender Produktivität) nicht nachgegangen, warum wird nicht einmal darüber diskutiert?

Der steinige Weg der Wahrheitsfindung ...

1. Mangelnde wirtschaftliche Kenntnisse
In einer zollfeindlichen Welt werden die volkswirtschaftlichen Zusammenhänge immer unübersichtlicher (auch dies ist als Nachteil zu werten für die künstlich erzeugte Globalisierung). Ich vermute, dass nur wenige der über 600 Bundestagsabgeordneten zumindest in groben Zügen die Mechanismen der heutigen Weltwirtschaft deuten und ihre Abläufe nachvollziehen können. Dabei möchte ich unseren Volksvertretern bestimmt nicht mangelnde Intelligenz unterstellen oder ihnen den guten Willen absprechen. Die Aufgabengebiete der Bundestagsabgeordneten sind aber leider so umfangreich und die Terminkalender dermaßen proppevoll, dass nur wenige Spezialisten Zeit finden für eine <u>eigene</u> ausgiebige Lagebeurteilung und Analyse.

2. Den souveränen Abgeordneten gibt es nicht mehr!
Wegen fehlender eigener Kenntnisse sind die Mitglieder des Bundestages weitgehend auf die Empfehlungen und Urteile ihrer parteiinternen Expertengremien angewiesen. Das heißt im Normalfall: Die Parteispitze entscheidet und die Abgeordneten ziehen mit. Eine Gewissensentscheidung eines einzelnen MdB, wie sie im Grundgesetz ausdrücklich gefordert wird, kann in der Praxis kaum noch stattfinden.

3. Die Meinungsbildung der Expertengremien

Es kommt also alles darauf an, wie sich die Fachexperten einer Partei ihre Meinung bilden. Und hier liegt leider auch vieles im Argen. Denn die mächtige Kapitallobby kennt diese Schwachstelle, sie weiß, auf welche Politiker sie ihre hochqualifizierten Fürsprecher ansetzen muss. Zur Unterstützung dieses gesteuerten Meinungsbildungsprozesses unterhält das Großkapital nicht nur eigene „Institute", die unentwegt kapital- bzw. globalisierungsfreundliche Studien fabrizieren. Das Kapital verfügt zudem noch über einen direkten Zugang zu den privaten Medien (die befinden sich schließlich fast gänzlich im Besitz des Großkapitals). Nicht einmal das Internet wird der freien Meinungsbildung überlassen – auch hier tummeln sich bereits zahlreiche vom Kapital finanzierte Websites. Und selbst über viele fremde politische Foren wachen vom Kapital angeheuerte professionelle Journalisten.

4. Die Einflussnahme der Kapitallobby prägt die öffentliche Meinung!

So ist es dann auch kein Wunder, wenn in der Öffentlichkeit ständig die Gefahren der Globalisierung und der EU verleugnet oder verniedlicht werden. Man geht sogar soweit, einfach den Spieß umzudrehen und Deutschland als größten Nutznießer dieser fragwürdigen Kunstgebilde (Globalisierung und EU) zu feiern. Die so geschürte öffentliche Meinung beeinflusst wiederum die Parteiexperten. Denn gegen den Volkswillen bzw. gegen die Medienmacht lässt sich Politik selten umsetzen.

Die Schwierigkeit, eingetretene Pfade zu verlassen

Wegen der oben aufgeführten Mechanismen bei der Meinungsbildung ist es für die Fachgremien der Parteien nicht einfach, zu einem neutralen und fachlich fundierten Urteil zu finden. Aber leider gibt es noch eine zweite Hürde: Die Schwierigkeit, einen einmal eingeschlagenen Irrweg zu beenden und über Jahrzehnte geschürte Denkmuster und Vorurteile abzulegen.

1. Aus Angst vor den Konsequenzen

Wenn nun tatsächlich die Expertenrunde einer Partei zu dem Schluss kommen würde, der durch den Zollabbau ausgelöste globale Lohndumpingwettbewerb sei für unser Land ausgesprochen schädlich, wird man dies kaum jemals offen eingestehen. Denn schließlich bildet Deutschland das geografische Kernland der EU und es gibt darüber hinaus eine Vielzahl internationaler Handelsabkommen. Da kann und will man natürlich nicht einfach die Notbremse ziehen und den verhängnisvollen Zollabbau wieder rückgängig machen.

2. Die Suche nach Ersatzlösungen

Also versucht man, sich mit anderen Mitteln durchzumogeln und die Folgen des Zollabbaus mit Ersatzreformen zu lindern. So landet die Politik unversehens in Kostensenkungsprogrammen bzw. im Neoliberalismus: also Abkoppelung der Löhne von der Produktivität, Einschränkung der medizinischen Versorgung, Senkung der Renten, Diskriminierung der Arbeitslosen (Hartz IV), Förderung der Leiharbeit und der Minijobs, schleichende Lohnsteuererhöhung durch die Progression, überzogene Anhebung der Beitragsbemessungsgrenzen, ewige Verlängerung des „befristeten" Solidaritätszuschlages usw..

Parallel hierzu werden die Uraltthemen aufgewärmt. Man fordert zum tausendsten Male eine bessere Bildung, mehr Forschung, Bürokratieabbau, Flexibilisierung (= Verschlechterung) der Arbeitsbedingungen, Aufhebung des Kündigungsschutzes, Senkung der Konzernsteuern, eine neue Agenda 2020 und und und. Begleitet werden diese Notprogramme mit wohlfeilen Zurechtweisungen und Belehrungen an die Bevölkerung („uns geht es doch allen gut", „jammern auf hohem Niveau", „der Aufschwung ist da", „wir müssen um so vieles besser sein als wir teurer sind" usw.).

Die deutschen Lohnkosten sind, teilweise bedingt durch die hohen Lebenshaltungskosten, zehnmal höher als die chinesischen. Es wird doch wohl niemand ernsthaft glauben, dass der deutsche Ingenieur oder Facharbeiter tatsächlich dem chinesischen Kollegen geistig oder leistungsmäßig zehnfach überlegen sein kann.

3. Der Selbstbetrug

Was macht ein Mensch, der in Gewissensnöten steckt und sich vor einer unangenehmen Aufgabe drücken möchte? Richtig, er redet sich die Sache schön!

Auf den Zollabbau übertragen heißt das, er übernimmt die scheinheiligen Argumente der EU- und Globalisierungslobby und glaubt am Ende sogar selbst noch an deren Richtigkeit.

So funktioniert eben der typische Selbstbetrug. Das ist bequem, man kann wieder ruhig schlafen und erspart sich Ärger und Ungemach. Sollen sich doch andere die Finger verbrennen, man selbst hat schließlich sein Bestes getan. Schon Schopenhauer meinte: „Was dem Herzen widerstrebt, lässt der Kopf nicht ein".

Aufgeschoben ist nicht aufgehoben!
Dass unsere Volkswirtschaft auf Dauer niemals mit dem weltweit grassierenden Lohn-, Sozial-, Öko- und Währungsdumping mithalten kann und unser vermeintlicher technologischer Vorsprung immer weiter abschmilzt, kann ernsthaft kaum bezweifelt werden.

Deshalb wird man sich auch nicht ewig mit einer neoliberalen Politik durchwursteln können – irgendwann muss man Farbe bekennen und sich intensiv mit den unfairen Marktbedingungen und den Billigimporten auseinandersetzen.

Also wird man eines Tages doch in den sauren Apfel beißen, internationale Abkommen aufkündigen und wieder höhere Zölle erheben müssen (um den Totalausverkauf der Wirtschaft zu verhindern). Aber man wird vermutlich erst einsichtig werden, wenn es bereits zu spät ist und nicht nur die süd-, sondern auch die nordeuropäischen Länder wirtschaftlich weitgehend ruiniert sind.

Schon immer ging der wirtschaftliche Absturz eines Landes einher mit der Inkompetenz und Ignoranz seiner politischen Elite.

Auch Hitler kam nur an die Macht, weil seine Vorgänger völlig versagt hatten.
Die fanatisch betriebene Geldverknappung (1930-32) musste unweigerlich die Wirtschaft abwürgen und zum Massenelend führen. Fast alle wussten das.
Aber auch damals waren Politik und Parteien selbstherrlich, prinzipientreu, stur und belehrungsresistent.

Wie erklärt sich das kollektive Versagen der Ökonomen?

In allen großen westlichen Staaten haben mit dem Zollabbau vor gut 30 Jahren (dem Beginn der Globalisierung)
- sich die Reallöhne und Renten trotz steter Produktivitätssteigerung verringert
- die Bad-Jobs und die Massenarbeitslosigkeit zugenommen
- Staatsschulden immer neue Rekordmarken erklommen
- sich immer wieder neue Spekulationsblasen gebildet

Diese trübe Bilanz darf die Frage rechtfertigen: „Wie schlau sind eigentlich die Verantwortlichen und ihre wirtschaftlichen Berater?". Das bringt uns schon zum nächsten Punkt. Wer sind diese Berater? Und schon dringen wir zum Kern der Misere vor: Fast alle wichtigen Wirtschaftsberater der Politik haben ein Fachstudium absolviert, das sie wesentlich geprägt hat.

Also was wird an den westlichen Unis im Bereich Ökonomie gelehrt? Wie kann es sein, dass die Eliten dieser Studienzweige trotz mehrjähriger Ausbildung und trotz sicherlich genügend vorhandener Begabung in der Praxis kollektiv versagen? Muss man <u>angesichts der jahrzehntelangen Fehlentwicklung</u> nicht allmählich zu dem Schluss kommen, dass die volkswirtschaftlichen Lehren überholungsbedürftig sind, weil bereits die wichtigsten Grundsatzfragen falsch beantwortet werden?

Werden die falschen Berater gehört?
Die allerwichtigste Grundsatzfrage ist nach meinem Empfinden die Einstellung zur Globalisierung, die sich letztlich aus den Abbau der Zölle ergibt. Mit welcher Unverfrorenheit wird heute immer noch der totale Freihandel als allgemein wohlstandsfördernd gepriesen! Ich halte dieses Dogma für eine abenteuerliche Irrlehre, die bereits den jungen Studenten gehirnwäscheartig eingetrichtert wird. Wie ließe sich sonst erklären, dass die späteren Volkswirtschaftler mit solcher Inbrunst <u>trotz des Niedergangs</u> die Globalisierungsfahne hochhalten? Hier muss doch schon in der frühen Ausbildung etwas schiefgelaufen sein! Und wenn ich mir Fachbücher zur Volkswirtschaftslehre anschaue, wird meine Befürchtung voll und ganz bestätigt. Über viele der dort vertretenen Thesen kann ich nur den

Kopf schütteln. Mir scheint, die Gesetze der Logik werden sträflich missachtet zugunsten längst überholter Theorien.

Schon in der Schule fängt es an ...

Schon im WiPo-Unterricht der Gymnasien setzt häufig die einseitige Ausrichtung der Schüler ein. Generell werden die jungen Leute darauf gedrillt, den zollfreien Handel samt EU und Globalisierung als wohlstandsfördernd zu begreifen. Es werden vermeintliche Vorteile dieser Strategie maßlos überbewertet und sowohl EU als auch Globalisierung als unumkehrbare Fortentwicklungen dargestellt. Schon in diesen unkritischen Lehrplänen schlummern die Keimzellen für die spätere Voreingenommenheit und der daraus resultierenden Hilflosigkeit.

Das Großkapital unterstützt die Irrlehren ...

Der zollfreie Welthandel erweist sich für das Großkapital, die Investoren und Spekulanten als wahrer Segen. Denn diese anarchieartige Freizügigkeit ermöglicht einen globalen Lohn- und Steuerdumping-Wettbewerb, wie er einträglicher (aber auch grausamer und menschenverachtender) kaum sein könnte. Der zollfreie Welthandel ist gleichbedeutend mit einem kapitalistischen Ermächtigungsgesetz – die Regierungen treten ihre Macht weitgehend an das Kapital ab und werden so zu Bittstellern. Um das Kapital nicht zu verprellen, müssen sie sich gegenseitig überbieten mit großzügigen Subventionen und konzernfreundlichen Steuern, die letztlich das marktwirtschaftliche Prinzip aushebeln und eine arbeitsplatzvernichtende unrentable Automatisierungshysterie begünstigen.

Es ist wenig verwunderlich, wenn die Spitzen des Großkapitals den Politikern die Notwendigkeit der Zollfreiheit einreden, wenn großzügige Spenden an die Parteien fließen und industrienahe „Wirtschaftsinstitute" einseitige Erfolge der Globalisierung feiern. Aber wie naiv sind Politiker – müssen sie auf diese durchschaubare Propaganda hereinfallen, müssen sie sich kaufen bzw. vereinnahmen lassen?

Auch die freie Presse gehört dem Großkapital!

Zu allem Unglück verläuft auch noch die Berichterstattung und Aufklärung über die privaten Medien recht unausgewogen. Auch das hat System und ist damit fast unumkehrbar.

Problem Nr. 1: Die privaten Medien gehören in der Regel

mächtigen Zeitungsmogulen, Großunternehmen bzw. dem Großkapital. Darf man erwarten, dass Journalisten grundsätzlich gegen die Interessen der eigenen Besitzer (gegen das Großkapital) argumentieren? Welcher Journalist möchte schon seinen Job verlieren? Da stellt man sich doch lieber dumm und schreibt genau das, was von einem erwartet wird und was andere Kollegen auch von sich geben. Nicht ohne Grund heißt es: „Journalisten sind Herdentiere".

Problem Nr. 2: Auch die meisten Wirtschaftsredakteure verfügen über ein abgeschlossenes Volkswirtschaftsstudium. Und wie dort in zentralen Dingen Vorurteile geschürt werden, habe ich bereits an anderer Stelle erwähnt.

Um Ausreden selten verlegen ...
Falls die politischen Verantwortlichen und ihre Ratgeber doch einmal mit unbequemen Fragen konfrontiert werden (sinkende Löhne, Massenarbeitslosigkeit, Schuldenkrise), führt auch dies geschulte Rhetoriker selten in Verlegenheit.

Die unentwirrbare Globalisierung bietet tausende Ausreden, die von den eigentlichen Ursachen schnell ablenken. „Die Spekulanten und Investmentbanker waren Schuld", „lediglich der Finanzverkehr war zu liberal" (ganz kess: „wir waren ja immer gegen die Liberalisierung der Finanzmärkte"), „die Bevölkerung hat über ihre Verhältnisse gelebt", „Unternehmer waren zu gierig", „es gibt zu viele Rentner", „uns geht es doch besser denn je" usw.. Nie folgt ein ehrliches Eingeständnis, immer nur freche Ausflüchte und Ablenkungsmanöver.

Sind die westlichen Demokratien lernfähig?
Insofern habe ich wenig Hoffnung, dass die westlichen Demokratien die Kraft aufbringen, sich von alten Lehrmeinungen zu befreien und die Folgen des Zollabbaus (der Globalisierung und der EU) objektiv einschätzen können und wollen.

30 Jahre Niedergang haben nicht ausgereicht, um die Bevölkerung wachzurütteln und stutzig werden zu lassen. Immer hat die Politik es verstanden, den schleichenden Reallohnverlust entweder zu verheimlichen, zu bestreiten oder als naturgegeben hinzustellen („die Löhne waren vorher einfach zu hoch"). Vielleicht zwingt die jetzige, seit 2008 andauernde Wirtschaftskrise in Europa, Japan und den USA die Politik irgendwann zum Einlenken, zu mehr Offenheit und Ehrlichkeit.

Labbyismus - sachliche Information oder schamlose Einflussnahme?

Muss der politische Lobbyismus wirklich sein?
Allein in Brüssel, der Schaltzentrale der EU, tummeln sich mindestens 15.000 professionelle Berufs-Lobbyisten. In Washington sollen es noch weit mehr sein, in Berlin schätzt man die Zahl auf mindestens 5000.

Was machen Lobbyisten?
Die Aufgabe der Lobbyisten ist eindeutig. Sie sollen im Sinne ihres Auftraggebers auf politische Entscheidungsträger einwirken, um ungünstige Gesetzesänderungen zu verhindern. Die Akteure selbst sehen in ihrem Ansinnen natürlich nichts Verwerfliches. Sie verstehen sich als edle Aufklärer, weil Abgeordnete heute bei Entscheidungen oft überfordert sind und nicht über die nötige Sachkenntnis verfügen.

Aber gibt es tatsächlich einen Informationsbedarf?
Unsere Volksvertreter sind dem Wohl des Staates verpflichtet und nicht dem einzelner Konzerne, Industrie-, Sozial- oder sonstiger Interessenverbänden. Die Einflussnahme der hochdotierten Lobbyisten kann meines Erachtens kaum zur neutralen Beurteilung einer Sachlage beitragen. Denn was für einzelne Firmen bei ihrem ewigen Kampf um höhere Renditen und Marktanteile von Bedeutung sein mag, hat mit dem Allgemeinwohl wenig zu schaffen.

Ein einfaches Beispiel: Der Verband der Floristen kämpft, wer will es ihm verdenken, um den Erhalt des ermäßigten Mehrwertsteuersatzes von 7 % (statt 19 %). Doch dieses Privileg (diese Subvention) ist volkswirtschaftlich betrachtet ein klarer Verstoß gegen das Prinzip der Gleichbehandlung. Warum muss der Verkauf von Blumen steuerlich gefördert (begünstigt) werden? Die Sonderregelung ergibt keinen Sinn, weil sie weder sozial noch wirtschaftlich erforderlich ist. Falls es tatsächlich durch eine Mehrwertsteueranhebung in dieser Branche zu leichten Umsatzeinbußen (und damit zum befürchteten Stellenabbau) kommen sollte, muss man halt damit leben (das müssen andere Branchen auch). Außerdem: Wer sich das

Geld für den Blumenstrauß verkneift, gönnt sich dafür in der Regel etwas anderes (was gleichsam Arbeitsplätze sichert).

Dagegen lässt sich die Absenkung der Mehrwertsteuer im Hotelgewerbe (von 19 auf 7 %) durchaus logisch begründen. Denn unsere Hoteliers stehen im knallharten internationalen Wettbewerb. Eine Absenkung der Mehrwertsteuer auf ausländisches Niveau fördert die Attraktivität Deutschlands als Urlaubsziel. Hier geht es also wirklich um den Erhalt und die Schaffung von Arbeitsplätzen. Aber all das sind Überlegungen, die auch ein Bundestagsabgeordneter ganz allein ohne fremde Nachhilfe anstellen kann. Er braucht dafür keine Lehrmeister, Souffleure oder Denkfabriken.

Und wenn ein Politiker tatsächlich einmal etwas partout nicht weiß, so kann er schließlich auch selbst recherchieren (zum Beispiel im Internet). Oder er kann in speziellen Fällen, wenn er wirklich nicht weiterkommt, von betroffenen Firmen oder Verbänden ein kurzes schriftliches Statement erbeten. Natürlich steht es ihm auch offen, Firmen selbst aufzusuchen um sich vor Ort ein konkretes Bild zu machen.

**Wo Lobbyisten sich tummeln,
ist die Korruption nicht weit!**
Für mich ist die Sache klar: Überall dort, wo sich Lobbyisten in die Politik ungefragt einmischen, stinkt es gewaltig nach Manipulation und Korruption. Den Lobbyismus betrachte ich als das Krebsgeschwür der modernen Demokratie. Ich plädiere für ein völliges Verbot des Lobbyismus! Ein Abgeordneter braucht keinen direkten Kontakt mit bezahlten Fürsprechern, wenn er über einen eigenen wachen Verstand verfügt (wovon man doch ausgehen darf).

Der integre Politiker sollte schon aus eigenem Interesse ein Zusammentreffen mit Lobbyisten meiden, um überhaupt nicht erst in den Verdacht unerlaubter Beeinflussung oder Vorteilnahme zu geraten. Vollkommen abartig empfinde ich die gängige Praxis, sich mit Lobbyisten in privater Atmosphäre (zum Beispiel in noblen Restaurants) außerhalb des eigenen Büros zu treffen.

**Auch ohne Lobbyisten haben Interessengruppen
großen Einfluss!**
Konzerne, Industrie- und Sozialverbände verfügen bereits ohne

ihre auf Politiker angesetzten Lobbyisten über ein breites Spektrum der Einflussnahme. Über ihre Sprecher, über Aufklärungs- und Propagandakampagnen und geschickter Instrumentalisierung der Medien verschaffen sie sich bundesweit Gehör und dirigieren die öffentliche Meinung. Wegen mangelnder Objektivität kommt es dabei häufig zu Zerrbildern, Vorurteilen, Panikmache usw..

Auf der Basis der kollektiven subjektiven Fehlinformation kam es zum Beispiel zur Einführung des Euro, dem Ausbau der EU, der Agenda 2010 mit immer neuen Abartigkeiten der Ausbeutung menschlicher Arbeitskraft (Leiharbeit, befristete Arbeitsverhältnisse, Lohndumping, unterbezahlte Minijobs, indirekte Akkordarbeit, Scheinselbständigkeit usw.).

Auf der anderen Seite meldeten aber auch Sozialverbände immer neue Forderungen an und schürten das grenzenlose Anspruchsdenken. Bei all diesen manipulativen Möglichkeiten bezüglich der öffentlichen Meinungsbildung erübrigt sich meines Erachtens eine direkte Einflussnahme auf die Politik durch Lobbyisten.

Ständige Ausnahmeregeln als Folge
Die freundliche Klientelpolitik führte zu einem undurchdringlichen Dschungel von rechtlichen Ausnahmeregelungen. Allein schon die EU hat ihre Mitgliedstaaten mit über 80.000 Gesetzesseiten beglückt (zugemüllt). Und die nationalen Parlamente sind gleichfalls ständig bemüht, neue Gesetze zu erfinden oder neue Ausnahmeregelungen auszutüfteln, die nervende Lobbygruppen befrieden. Der ewige Ausbau und ständige Flickschustereien haben das staatliche Vorschriftenwerk inzwischen zu einem gordischen Knoten anschwellen lassen, dem die besten Juristen nicht mehr gewachsen sind.

Sogar der Bundestag verabschiedet Gesetze, die später vom Bundesverfassungsgericht wieder einkassiert werden müssen. Selbst Großbanken mit eigenen Rechtsabteilungen schaffen es oft nicht, bei Hypotheken Rücktrittsklauseln so zu formulieren, dass die Verträge wasserdicht sind und nicht vom Kunden bei Bedarf (in einer Niedrigzinsphase) einseitig gekündigt werden können.

Vorschriften-Chaos auf allen Ebenen: Im Sozialbereich gibt es derweil über 160 Fördermaßnahmen, die längst auch Spezialisten überfordern und diejenigen begünstigen, die an der

Quelle sitzen bzw. einen wohlwollenden Informanten oder Sachbearbeiter haben.

Die ewige Drohung mit der Auslagerung ...

EU-Kommissare und Bundestagsabgeordnete werden von Lobbyisten nicht nur bedrängt, sie werden so manches Mal auch unverhohlen erpresst. Zum Beispiel mit der Drohung, dass, falls man ihren Forderungen nicht nachkommen werde, Produktionsstätten ins Ausland verlagern müsse („notgedrungen" natürlich).

Doch warum lässt man sich immer noch auf diese plumpe Art einschüchtern? Es gibt doch ein effizientes Mittel, um die Macht der Konzerne (des Kapitals) zu brechen! Man bräuchte nur wieder angemessene Importzölle erheben – damit wäre die Diktatur des Kapitals schnell beendet. Wer dann noch meint, er könne seine Fabriken bei uns demontieren, der muss halt damit rechnen, seine Waren (wegen des Zollaufschlags) hierzulande nicht mehr loszuwerden.

Genügt mehr Transparenz?

Viele Lobbyismus-Kritiker fordern mehr Transparenz. Alle Lobbyisten müssten registriert werden und auch Abgeordnete sollten ihre Gesprächspartner anmelden. Sicherlich würden solche Regelungen den Lobbyismus ein wenig bereinigen und den Wildwuchs etwas eindämmen. Aber mir genügen diese Maßnahmen absolut nicht! Das Krebsgeschwür wird damit nicht entfernt, sondern sogar noch ein wenig legalisiert und salonfähig gemacht.

Frei, freier, Freihandel?

Ein freier Markt muss nicht „befreit" werden!
Die Umwandlung eines liberalen Wirtschaftsraumes in eine Zoll-Freihandelszone fördert die Anarchie, nicht aber den allgemeinen Wohlstand!

Wie unabhängig sind Journalisten?

Fragt man Zeitungsjournalisten nach dem Einfluss der Verleger auf die politische Berichterstattung, so beteuern sie treuherzig ihre redaktionelle Unabhängigkeit. „Da sind wir völlig frei" heißt es unisono, „niemand mische sich ein!" Doch dann folgen die ersten Einschränkungen: „Natürlich müssen wir die gesellschaftlichen Grundwerte vertreten wie Demokratie, Menschenrechte, Rechtsstaatlichkeit – und uns für die internationale Verständigung einsetzen. Aber dies seien schließlich keine Einschränkungen, sondern Selbstverständlichkeiten, denen sich eh jeder aufrechte Bürger verpflichtet fühlt."

Diese Statements klingen im ersten Moment einleuchtend und beruhigend. Nur wer sich näher mit der Materie auseinandersetzt wird erkennen, welch immensen Einfluss diese scheinbar harmlosen Vorgaben haben. Der tückische Punkt liegt in der Forderung, sich für die internationale Verständigung einzusetzen. Was bedeutet diese Leitlinie in der Praxis?

Darf ein Redakteur sich noch offen gegen die EU oder die Globalisierung aussprechen oder überschreitet er damit bereits eine rote Linie? Wer schlau ist, wird die Grenzen seiner redaktionellen Freiheit nicht unbedingt austesten und heikle, verfängliche Themen einfach umgehen.

Die Verpflichtung, sich stets für die internationale Verständigung einzusetzen, gleicht einem Maulkorberlass! Der Zollfreihandel ist verantwortlich für das globale Lohn- und Steuerdumping und damit auch für die Finanz-, Banken- und Staatskrisen. Diese offensichtlichen Zusammenhänge werden verschwiegen und sogar geleugnet! Aber das ist schließlich kein Wunder. Ein Journalist, der dem Diktat der „internationalen Verständigung" unterliegt, wird den ständigen Abbau von Zöllen und Handelshemmnissen kaum kritisieren. Er kann also gar nicht, selbst wenn er es wollte, die Existenzberichtigung der EU und der Globalisierung hinterfragen.

Im Gegenteil: Er wird im Laufe seines Arbeitslebens zum wortgewandten Verteidiger dieser gigantischen Experimente, weil diese Grundhaltung ihm Respekt und Ansehen bei seinen Vorgesetzten einbringt (der Karriere dienlich ist).

Dieses Büchlein konzentriert sich auf die Hauptursachen des westlichen Niedergangs. Wenn Sie tiefer in die spannende Materie einsteigen, die hier aufgestellten Thesen ausführlicher erklärt und untermauert haben möchten, empfehle ich Ihnen meine „DAS KAPITAL"-Trilogie. Dort finden Sie jede Menge Hintergrundwissen, weiterführende Aspekte und Analysen, vor allem aber kompetente Lösungsansätze und Reformvorschläge.

„DAS KAPITAL" in 3 Bänden

Streitschrift gegen verhängnisvolle Vorurteile und politische Ignoranz. Ohne Umschweife werden die gravierendsten Denkfehler und Irrtümer enttarnt und nicht gezögert, auch Tabuthemen vorbehaltlos aufzugreifen.

Denn wenn die Politik es wirklich wollte, ließen sich auch die ärgsten Staatsprobleme rasch lösen. Der Niedergang Deutschlands und der westlichen Welt ist kein unabwendbares Schicksal – er ist hausgemacht (die Folge einer verfehlten, unlogischen Lobbypolitik).

Band I (das Hauptwerk)
„DAS KAPITAL und die Globalisierung",
172 Seiten, Format 17x22 cm, 13,50 Euro

Band II
„DAS KAPITAL und die Weltwirtschaftskrisen",
68 Seiten, Format 17x22 cm, 5,90 Euro

Band III
„DAS KAPITAL und der Sozialstaat"
Umverteilung bis zur Perversion? Wann kollabiert das Sozialsystem? 104 Seiten, Format 17x22 cm, 7,90 Euro

Bezug über den Internet-Buchhandel (dort meistens vorrätig) oder den stationären Buchhandel (muss dort normalerweise erst bestellt werden, Lieferzeit dann 1-2 Wochen).